BHAGAVAD-GĪTĀ

Dados Internacionais de Catalogação na Publicação (CIP)
(Câmara Brasileira do Livro, SP, Brasil)

Bhagavad-gītā / tradução de Ithamar Theodor e Sérgio Mendes de Freitas ; edição e glossário de Ithamar Theodor. – Petrópolis, RJ : Vozes, 2025. – (Coleção Sabedoria Universal)

Título original: Bhagavad-Gītā.
ISBN 978-85-326-7076-2

1. Bhagavad-gītā 2. Filosofia oriental 3. Hinduísmo – Livros sagrados I. Theodor, Ithamar. II. Série.

24-232275 CDD-294.5924

Índices para catálogo sistemático:
1. Bhagavad-gītā : Livros sagrados : Hinduísmo 294.5924

Aline Graziele Benitez – Bibliotecária – CRB-1/3129

SABEDORIA UNIVERSAL

BHAGAVAD-GĪTĀ

Tradução de Ithamar Theodor
e Sérgio Mendes de Freitas

EDITORA
VOZES

Petrópolis

Rua Frei Luís, 100
25689-900 Petrópolis, RJ
www.vozes.com.br
Brasil

Tradução do sânscrito para o inglês de Ithamar Theodor e do inglês para o português de Sérgio Mendes de Freitas

---

Diagramação: Editora Vozes
Revisão gráfica: Bianca Guedes
Capa: Érico Lebedenco

ISBN 978-85-326-7076-2

Este livro foi composto e impresso pela Editora Vozes Ltda.

SUMÁRIO

SUMÁRIO

1

PREPARANDO O CENÁRIO

Os exércitos prontos para a batalha

1 *Dhṛtarāṣṭra* disse: Ó *Saṁjaya*, o que os filhos
de *Pāṇḍu* e os meus estão fazendo, reunidos em
Kurukṣetra, o campo do *dharma*, ansiosos por lutar?
2 *Saṁjaya* disse: Ao ver o exército *Pāṇḍava* posiciona-
do para a batalha, o rei *Duyodhana* se aproximou de
seu professor e, assim, ele falou: 3 Olha, ó mestre, o
grande exército dos filhos de *Pāṇḍu*, organizado por
teu excelente discípulo, o filho de *Drupada*. 4 Aqui
há heróis e grandes arqueiros, iguais em batalha a
Bhīma e *Arjuna* – *Yuyudhāna*, *Virāṭa* e o grande guer-
reiro *Drupada*. 5 *Dhṛṣṭaketu*, *Cekitāna*, o rei corajo-
so de *Kāśi*, *Purujit*, *Kuntibhoja* e *Śaibya*, que é um
touro entre os homens. 6 O corajoso *Yudhāmanyu*,
o valente *Uttamaujas*, o filho de *Subhadrā* e os fi-
lhos de *Draupadī*, todos eles grandes guerreiros.
7 Agora, deixa-me apresentar-te os meus destacados
comandantes do exército, ó melhor dos nascidos

duas vezes. [8] Eles são, Vossa Senhoria, *Bhīma*, *Karṇa*, o invicto *Kṛpa*, *Aśvatthāman*, *Vikarṇa* e o filho de *Somadatta*. [9] Além disso, muitos outros heróis estão prontos para dar a vida por minha causa, todos armados com várias armas e hábeis na batalha. [10] Nossa força protegida por *Bhīṣma* é ilimitada, enquanto a força deles, que é protegida por *Bhīma*, é limitada[1]. [11] Todos vocês em suas posições devem acima de tudo proteger *Bhīṣma*. [12] Então, o avô *Bhīṣma*, o ancião dos *Kuru*, soprou sua concha produzindo um som como o rugido de um leão, enchendo o coração de *Duryodhana* de alegria. [13] De uma só vez, conchas, tímpanos, címbalos, tambores e trombetas soaram em meio a um tremendo alvoroço. [14] Depois disso, em uma grande carruagem puxada por cavalos brancos, tanto *Mādhava* quanto o filho de *Pāṇḍu* sopraram suas conchas divinas. [15] *Hṛśīkeśa* soprou sua concha, o *Pañcajanya*, e *Dhanaṁjaya* soprou a sua, chamada *Devadatta*. *Bhīma*, cujos atos são terríveis, soprou sua concha *Pauṇḍra*. [16] O rei *Yudhiṣṭhira*,

1. Há uma divergência exegética em relação à estrofe 11, que diz respeito ao poder de quem que é limitado e o de quem é ilimitado. Eu usei a explicação proposta por Van Buitenen, que conclui que o poder dos *Pāṇḍava* é o limitado. Cf. VAN BUITENEN, J.A.B. *Studies in Indian Literature and Philosophy*. Nova Déli, 1988, p. 247. Radhakrishnan também traduz a estrofe nesse sentido, embora ele chegue a essa conclusão de maneira diferente, traduzindo a palavra "*aparyāptam*" como "ilimitado" e "*paryāptam*" como "limitado". Na tradução de *Bhāskara*, a estrofe é citada de maneira diferente, em que os nomes "*Bhīma*" e "*Bhīṣma*" são alternados, e isso também enfatiza a superioridade dos *Kaurava* sobre a dos *Pāṇḍava*. Cf. SHARMA, A. *The Hindu Gītā*. Londres, 1986, p. 18.

filho de *Kuntī*, soprou sua concha chamada *Anantavijaya*, e *Nakula* e *Sahadeva* tocaram o *Sughoṣa* a o *Maṇipuṣpaka*. [17] O rei de *Kāśi*, o poderoso arqueiro, *Śikhaṇḍin* – o célebre lutador, *Dhṛṣṭadyumna*, *Virāṭa* e o inderrotável *Sātyaki*, [18] *Drupada* acompanhado pelos Filhos de *Draupadī* e pelo filho de braços fortes de *Subhadrā*, sopraram suas conchas uma após a outra, ó *Dhṛtarāṣṭra*, rei da terra. [19] O tumulto dos búzios fez tremer o coração dos filhos de *Dhṛtarāṣṭra* e ressoou como um trovão no céu e na terra. [20] Então, *Arjuna*, com *Hanumat* em seu estandarte, viu os filhos de *Dhṛtarāṣṭra* prontos para a batalha; preparando-se para o confronto de armas, ergueu o arco e falou assim para *Kṛṣṇa*: [21-22] *Arjuna* disse: Ó *Acyuta*, por favor, posiciona a carruagem entre os dois exércitos, para que eu possa contemplar aqueles reunidos aqui tão ávidos por batalha, contra os quais eu estou aqui para lutar numa guerra iminente. [23] Desejo ver aqueles que estão reunidos por vontade própria prestes a brigar para agradar o malvado *Duryodhana*. [24] *Saṁjaya* disse: respondendo a *Arjuna*, *Hṛṣīkeśa* dirigiu a bela carruagem, posicionando-a entre os dois exércitos. [25] Na presença de *Bhīma*, *Droṇa* e os governantes da terra, ele disse: eis, *Arjuna*, os *Kuru* reunidos.

Argumentos de *Arjuna* contra a luta

[26] Então *Arjuna* viu pais, avós, professores, tios, irmãos, filhos, netos, amigos, sogros e benquerentes,

todos de pé em meio a ambos os exércitos. 27 Vendo seus parentes preparados para a batalha, vencido pela agonia, *Arjuna*, em seu desânimo, disse: 28 Ó *Kṛṣṇa*, enquanto olho meus parentes imbuídos de espírito de luta, meus membros tremem e minha boca seca. 29 Meu corpo treme, os pelos do meu corpo estão arrepiados, meu arco *Gaṇḍiva* escorrega da minha mão e sinto minha pele queimar. 30 Eu não consigo mais ficar de pé e minha mente está um turbilhão. Vejo apenas maus presságios, ó *Keśava*. 31 Não vejo bem que possa vir do massacre de meus parentes nesta batalha. Ó *Kṛṣṇa*, não desejo vitória, nem o reino nem a felicidade daí resultante. 32-33 Ó *Govinda*, de que nos serve o reino, de que nos servem os prazeres, ou mesmo a própria vida, se aqueles por cujo amor desejamos realeza, prazer e a vida, estão em suas posições de batalha e já abandonaram suas riquezas e suas vidas. 33-34 Professores, pais, filhos, avós, tios, sogros, netos, cunhados e outros parentes – todos esses eu não desejo matar mesmo que possam me matar. 35 Eu não desejo matá-los nem pela soberania dos três mundos, quanto mais por governar a terra. Ó *Janārdana*, depois de matar os filhos de *Dhṛtarāṣṭra*, que alegria nos restaria? 36-37 Nosso destino será apenas o mal assim que matarmos esses agressores. Ó *Mādhava*, depois de matar nossos próprios parentes, que esperança de felicidade nos resta? 38-39 Ó *Janārdana*, mesmo que essas pessoas, com seu coração tomado pela ganância, não vejam o mal que

causa a destruição do clã ou a traição de um amigo,
por que nós, que entendemos o mal da destruição
de uma dinastia, não podemos simplesmente dar as
costas a esse mal? 40 Com a destruição da dinastia, o
eterno *dharma* da família é destruído e, juntamen-
te com a destruição do *dharma*, o *adharma* domina
toda a família. 41 Quando *adharma* domina a famí-
lia, as mulheres se corrompem, ó *Kṛṣṇa*, e quando
as mulheres se corrompem, há mistura de classes so-
ciais (castas). 42 Certamente a mistura entre as classes
leva tanto os destruidores do clã quanto a própria
família ao inferno. Os antepassados da família caem
também, privados de suas devidas oferendas de ali-
mento e água santificados. 43 Assim, as más ações dos
destruidores que levam à mistura entre classes so-
ciais, acabam com a eterna casta e o *dharma* da famí-
lia. 44 Ó *Janārdana*, ouvimos que o inferno aguarda
aqueles cujo *dharma* da família foi obliterado. 45 In-
felizmente, estamos resolvidos a cometer um gran-
de mal, se pretendemos matar nosso próprio povo
por ganância pelo prazer régio. 46 Melhor seria ter
sido morto no campo de batalha, desarmado e sem
resistência, pelos filhos de *Dhṛtarāṣṭra* com armas
em suas mãos. 47 *Saṁjaya* disse: Após falar assim no
campo de batalha, *Arjuna* sentou-se em seu assento
na carruagem, deixando de lado seu arco e flecha,
com o coração dominado pela tristeza.

2

A ALMA, O *DHARMA* E A LIBERTAÇÃO

Kṛṣṇa **repreende** ***Arjuna*** **e este pede orientação a** ***Kṛṣṇa***

1 *Saṁjaya* disse: Vendo o desanimado *Arjuna* do-
minado pela dor profunda, com os olhos cheios de
lágrimas, *Madhusūdana* falou assim para ele: 2 O
bem-aventurado Senhor disse: Como este desânimo
tomou conta de ti nesta hora de crise? Este desâni-
mo não convém aos nobres; ao céu ele não te levará,
mas à desgraça, ó *Arjuna*. 3 Não ajas como um impo-
tente, porque isso não fica bem para ti; livra-te dessa
reles fraqueza de coração e levanta-te, ó destruidor
de inimigos! 4 *Arjuna* disse: Ó *Madhusūdana*, como
posso atirar minhas flechas e lutar com *Bhīṣma* e
Droṇa, visto que eles merecem minha adoração?
5 Seria melhor viver neste mundo esmolando, como
um mendigo, e não matar esses nobres homens,
meus mestres, a ter que matar esses mestres cobi-

çosos e desfrutar dos prazeres mundanos adquiridos
pelo sangue deles. 6 Nem sabemos o que é preferí-
vel – conquistá-los ou sermos conquistados por eles;
os filhos de *Dhṛtarāṣṭra*, uma vez mortos por nós,
não mais desejaremos viver, e eles estão diante de
nós prontos para a batalha. 7 Como todo o meu ser
está defeituoso e fracassa devido à fraqueza, e minha
mente está confusa quanto ao caminho do *dharma*,
peço-te que me diga com certeza qual caminho é me-
lhor? Eu sou agora teu discípulo e caio aos teus pés;
por favor, instrui-me! 8 Não vejo nada para dissipar
a tristeza que domina meus sentidos; nem um rei-
no próspero terrestre inigualável nem mesmo o reino
dos deuses. 9 *Saṁjaya* disse: Depois de falar assim,
Guḍākeśa, o destruidor de inimigos, disse a *Hṛṣīkeśa*:
"*Govinda*, eu não lutarei", e ficou em silêncio.

O corpo e suas sensações são temporários – A alma encarnada é eterna – A equanimidade leva à imortalidade

10 Ó *Dhṛtarāṣṭra*, entre os dois exércitos, *Hṛṣīkeśa*
sorriu, e assim se dirigiu ao desanimado *Arjuna*.
11 O bem-aventurado Senhor disse: enquanto falas
palavras de sabedoria, lamentas pelo que não deve
ser lamentado; sábios são aqueles que não se lamen-
tam nem pelos vivos nem pelos mortos. 12 Nunca
houve um tempo em que eu não existisse, nem tu,
nem todos esses reis, nem no futuro qualquer um

de nós deixará de existir. [13] Assim como a infância,
a juventude e a velhice se sucedem para a alma den-
tro deste corpo, ela também adquire outro corpo; o
sábio não é influenciado pela ilusão neste assunto.
[14] Calor, frio, felicidade e aflição – somente a percep-
ção dos sentidos produz todos eles, e eles são imper-
manentes, vêm e vão; tu deves procurar tolerá-los,
ó *Bhārata*. [15] O sábio a quem estes não perturbam,
que permanece assim equilibrado tanto na felicida-
de como na aflição, está apto para a imortalidade, ó
touro entre os homens.

A natureza da alma

[16] Não há um vir a ser para o irreal, não há um deixar
de ser para o real; os videntes da verdade chegaram a
ambas as conclusões. [17] Fica sabendo o que é indes-
trutível, pelo qual tudo é permeado; não há quem
possa destruir o indestrutível. [18] Para esses corpos, o
fim é certo, ao passo que aquilo que está encarnado
neles, a alma indestrutível e imensurável, é dito ser
eterno. Portanto, ó *Bhārata*, luta! [19] Aquele que con-
sidera a alma o matador e aquele que pensa que a
alma é morta – ambos não entendem, porque a alma
não mata nem é morta. [20] A alma nunca nasce nem
morre; ela não veio a existir, ela nunca deixará de exis-
tir. Não nascida, eterna, interminável e primordial –
não é morta quando o corpo é morto. [21] A pessoa
que conhece a alma como eternamente perene, que

não nasceu e é indestrutível – quem ela mata? Quem ela faz matar? [22] Assim como alguém que deixa de lado suas roupas velhas e desgastadas e veste outras novas, da mesma forma a alma encarnada, ao deixar de lado seus corpos velhos e desgastados, cobre-se com outros corpos. [23] As armas não a perfuram, o fogo não a queima, a água não a molha e o vento não a seca. [24] A alma não pode ser cortada, não pode ser queimada, não pode ser molhada ou seca, pois é eterna, permeia tudo, é estável, fixa e primordial. [25] Diz-se que a alma é invisível, inconcebível e está além da transformação; portanto, tendo entendido o assunto dessa maneira, tu não deves lamentar. [26] Além disso, se entenderes que a alma nasce continuamente ou morre continuamente, tu ainda não tens motivo algum para lamentar, ó poderoso guerreiro. [27] A morte é inevitável para todos que nascem e inevitável é o reencarnar para os mortos; portanto, tu não deves lamentar pelo inevitável. [28] Os seres vivos não são visíveis em seus inícios, são visíveis à medida que continuam a existir e são invisíveis em seu fim; portanto, ó *Bhārata*, por que lamentar sobre isso? [29] Apesar de alguém vê-la como uma maravilha, apesar de alguém descrevê-la como uma maravilha, apesar de outro alguém ouvir dizer que ela é uma maravilha e, mesmo depois de ouvir falar sobre ela, ninguém a entende. [30] A alma dentro do corpo de todos está além da destruição; portanto, tu não deves lamentar por ser vivo algum.

Justificativa da guerra por meio do utilitarismo, do utilitarismo segundo o *dharma* e do *dharma* para o interesse próprio

31 Considerando teu próprio dever, tu não deves
hesitar, já que realmente não há nada melhor
para um *kṣatriya* que lutar uma guerra segundo
o *dharma.* 32 Felizes são os *kṣatriya* para os quais
tal oportunidade de lutar vem da boa sorte, pois
lhes abre os portões do céu. 33 Se, no entanto, tu
não lutares nesta guerra pelo *dharma*, abandonarás
tanto teu *dharma* e tua honra e incorrerás no mal.
34 Além disso, as pessoas falarão de ti eternamente
como alguém infame e, para alguém que foi hon-
rado, a desonra é pior que a morte. 35 Os generais
presumirão que te retiraste da batalha por medo
e, portanto, aqueles que uma vez te estimaram
muito, desdenharão de ti. 36 Aqueles que querem o
teu mal falarão muitas palavras indizíveis, ridicu-
larizando assim tua capacidade; o que poderia ser
mais angustiante do que isso? 37 Ou serás morto e
alcançarás o céu, ou, se venceres a guerra, desfru-
tarás aqui na Terra. Portanto, *Kaunteya*, levanta-te
resoluto para a batalha! 38 Luta por lutar, conside-
rando equiparáveis felicidade e sofrimento, ganho
e perda, vitória e derrota; assim tu não incorrerás
em mal algum.

[39] Esta iluminação foi descrita para ti através do *Sāṅkhya* ou teoria; agora, por favor, ouve-a através do *yoga* ou da prática, pois, uma vez absorto nesta iluminação, tu te libertarás da escravidão do *karman*. [40] Nesse esforço não há perda, nem há reversão a ser encontrada; até um pouco desse *dharma* protege o indivíduo do grande medo. [41] Ó *Arjuna*, a iluminação neste mundo depende de uma natureza firme resoluta; em contraste, a inteligência do irresoluto é muito ramificada, na verdade, infinita. [42]-[43] Ó *Pārtha*, os insensatos que sentem prazer com as palavras do *Veda* dizem que não há nada além dessas palavras floridas e agradáveis, que dão bom *karman*, bom nascimento e bons frutos de ação. Cheios de desejos e com o céu como meta, essas pessoas praticam uma abundância de rituais, com o objetivo de alcançar prazer e poder. [44] Aqueles ligados ao prazer e ao poder, assim, têm seus pensamentos e *insights* roubados; portanto, a determinação resoluta e o esclarecimento a ser encontrado no estado de *samādhi* não vêm a eles. [45] Os *Veda* têm o mundo dos três *guṇa* como seu domínio; Ó *Arjuna*, supera o reino dos três *guṇa*! Livra-te da dualidade, sempre firme na verdade, livre do desejo de possuir e preservar e estabelecido no *eu*. [46] Tanto valor quanto há em um poço, quando há uma inundação de água por todos os lados, tal é o valor de todos os *Veda* para aquele

que é um conhecedor do *Brahman*. [47] Teu único di-
reito é realizar atividades pelo *dharma*, mas nunca
possuir os frutos delas; o fruto de uma ação nunca
deverá motivar tuas ações e nunca te apegues à ina-
ção. [48] Ó *Dhanaṁjaya*, realiza atividades e, ao mesmo
tempo, fixa-te no *yoga*; abandonando o apego, aceita
igualmente tanto o sucesso como o fracasso, pois essa
equanimidade é chamada de *yoga*. [49] A ação é muito
inferior ao *buddhi-yoga* ou à ação iluminada, *Arjuna*.
Procura refúgio nesta iluminação, porque aqueles
motivados pelos frutos de suas ações são dignos de
piedade. [50] A pessoa iluminada renuncia às boas e às
más ações neste mundo; portanto, pratica o *yoga* por
si só, já que *yoga* é a habilidade na ação. [51] Os sábios
que estão estabelecidos nesta iluminação renunciam
realmente aos frutos nascidos das ações; assim eles
são libertados da escravidão da reencarnação e vão
para aquele lugar que está livre de qualquer dor. [52]
Quando tua consciência tiver passado pelo emara-
nhado denso da ilusão, tornar-te-ás avesso a tudo
que foi ouvido e a tudo o que deve ser ouvido (nos
Veda). [53] Quando estiveres firme e inabalável diante
dos confusos hinos védicos, tua consciência firme em
samādhi inabalável, terás atingido o estado de *yoga*.

A Iluminação estável

[54] *Arjuna* perguntou: Aquele que está estabelecido
em iluminação estável e situado em *samādhi*, ó *Keśa-*

va, como ele pode ser descrito? O iluminado – como
ele fala? Como ele se senta e como anda? 55 O bem-
-aventurado Senhor disse: Quando ele abandona to-
dos os desejos que surgem da mente, fica satisfeito
em si mesmo e somente pelo próprio eu, então se diz
que ele alcançou a iluminação estável. 56 Ele que não
fica perturbado apesar de todos os tipos de dificul-
dades, cuja aspiração pela felicidade se foi, e que é
desprovido de paixão, medo e raiva – dizem que tal
sábio atingiu a iluminação estável. 57 Aquele que não
é atraído por nada, e mesmo que tenha alcançado isto
ou aquilo, bom ou mau, não se regozija, mas também
não tem repulsa – sua sabedoria está firmemente es-
tabelecida. 58 Quando alguém é capaz de retirar seus
sentidos de seus objetos sob qualquer circunstância,
assim como uma tartaruga recolhe seus membros
para dentro do casco, sua sabedoria está firmemen-
te estabelecida. 59 Quando o encarnado se abstém, os
objetos dos sentidos desaparecem, mas o gosto por
eles permanece; no entanto, até mesmo o gosto desa-
parece, quando se alcança a visão do Supremo.

Os sentidos turbulentos e o estado de perfeição

60 Embora o sábio possa se esforçar para controlar a
mente, os sentidos turbulentos, no entanto, o arras-
tam à força. 61 Tendo os sentidos sob controle, em
comunhão comigo e atento a mim como o Supre-

mo, que tem firme controle de seus sentidos dessa maneira, sua sabedoria está firmemente estabelecida. [62] Quando se contempla os objetos dos sentidos surge um apego por eles; do apego surge o desejo, e do desejo, a ira. [63] A ira produz ilusão e a ilusão confunde a memória; a confusão da memória provoca uma perda de inteligência e, quando a inteligência é perdida, a pessoa fica arruinada. [64] Mas quando seus sentidos residem nos objetos dos sentidos, sem sentir atração ou repulsa, permanecendo autocontrolado e seguindo as injunções das escrituras, ele então obtém a graça divina. [65] Ao obter a graça divina, todas as misérias deixam de existir para ele. Com o coração tranquilo, rapidamente ele alcança a iluminação estável. [66] Para quem não está conectado, não há iluminação e, sem iluminação, não pode haver contemplação do *eu*; sem contemplação não pode haver paz. Como alguém que não está em paz pode ser feliz? [67] A mente que segue os sentidos errantes arrasta a inteligência da mesma maneira que um vento leva um barco para o mar. [68] Portanto, ó poderoso *Arjuna*, aquele que restringe os sentidos e os mantém inteiramente longe de seus objetos tem sabedoria realmente firme. [69] O que é noite para todos os seres é hora de despertar para o homem moderado; quando todos os seres estão despertos, essa hora é noite para o sábio contemplativo. [70] Embora os rios encham o oceano constantemente, ele permanece inalterado; da mesma forma, embora os de-

sejos se intrometam, alcança a paz quem permanece inalterado, e não quem deseja satisfazer os desejos.
71 Deixando de lado todos os desejos, aquele que é livre de aspiração, possessividade e egoísmo alcança
a paz. 72 Este é o estado de *Brahman*, ó *Pārtha*; ao atingir esse estado, o indivíduo não está mais sujeito à ilusão; assim firme em sua posição, ele atinge a extinção no *Brahman* mesmo na hora da morte.

3

O CAMINHO DA AÇÃO ILUMINADA – PARTE I

O que é melhor: iluminação ou ação?

[1] *Arjuna* disse: Ó *Janārdana*, se tu consideras que a
iluminação é melhor que a ação, por que, então, tu
me pedes para realizar esse ato terrível? [2] Tuas palavras
ambíguas confundem minha mente; peço-te que me
faças ter a certeza de uma coisa, pela qual posso alcan-
çar o que há de melhor. [3] O bem-aventurado Senhor
disse: Eu já expus desde os dias de outrora, ó irrepre-
ensível *Arjuna*, que neste mundo há dois caminhos;
para aqueles que defendem o raciocínio, é o caminho
do *jñāna* ou o *yoga* intelectual, ao passo que, para
aqueles que defendem a ação, existe o caminho do
karma-yoga ou o *yoga* da atividade. [4] Não é apenas por
abster-se de agir que o indivíduo alcança a inação, e
não é apenas pela renúncia que se alcança a perfeição.
[5] Ninguém, na verdade, pode se abster inteiramente
de agir, mesmo que por um momento, pois todos são

levados a agir mesmo contra a própria vontade pelos *guṇa* nascidos da natureza material. [6] Aquele que restringe seus sentidos, mas que ainda assim contempla os objetos dos sentidos em sua mente, é considerado um hipócrita enganador. [7] Superior, no entanto, é aquele que restringe seus sentidos pela mente e, ao mesmo tempo, de maneira imparcial, envolve seus sentidos e realiza *karma-yoga*. [8] Desempenha teu dever segundo o *dharma*, pois a ação é superior à inação; mesmo na manutenção do teu corpo tu não podes ter sucesso sem abraçar a ação.

A importância do sacrifício

[9] O mundo todo está preso pela ação, exceto pela ação que tem como objetivo o sacrifício[2]. Livre de apego, executa ação para esse propósito, ó *Kaunteya*. [10] Nos tempos antigos, *Prajāpati*, o senhor dos seres vivos os criou junto com sacrifícios e disse-lhes: Que vós possais prosperar com isso! Que esta seja vossa vaca para satisfazer todos os desejos! [11] Que vós possais agradar aos deuses aqui, e que os deuses vos agradem. Assim, agradando uns aos outros, vós deveis atingir o bem maior. [12] Sendo agradados pelo sacrifício, os deuses conceder-vos-ão os prazeres desejados, mas aquele que desfruta das dádivas dos

2. O termo *yajña* é traduzido como sacrifício, embora também possa ser considerado um nome para *Viṣṇu*; a última tradução naturalmente daria à estrofe um significado mais devocional.

deuses sem uma oferenda em troca é um ladrão[3]. [13] As pessoas boas que comem as sobras do sacrifício são absolvidas de todos os males; as pessoas más, no entanto, que cozinham para o seu próprio bem, realmente comem apenas o mal. [14] Todos os seres vivos subsistem de comida e a comida é produzida pela chuva; a chuva cai como resultado do sacrifício, e o sacrifício origina-se da atividade segundo o *dharma*. [15] A atividade segundo o *dharma* nasce do *Brahman* que está nos *Veda*, e *Brahman* brota do eterno *Om*. Portanto, o todo-poderoso *Brahman* está eternamente presente no sacrifício. [16] Aquele que não mantém girando a roda sacrificial assim posta em movimento vive uma vida má entregue aos sentidos e, na verdade, ó *Pārtha*, vive em vão.

O Iluminado está livre das injunções do *dharma*

[17] Mas para aquele que se deleita apenas consigo mesmo, e é assim autossatisfeito e autossuficiente, para ele, não existe dever algum segundo o *dharma*. [18] Ele não tem interesse em realizar ação alguma, mas também não evita as ações. Ele não precisa depender de nenhuma criatura. [19] Portanto, com desapego, sempre desempenha teus deveres, porque quem assim o faz de forma desinteressada atinge o

3. A raiz *bhū* na acepção de "agradar".

Supremo. [20] Por aderir de forma exclusiva ao dever segundo o *dharma*, *Janaka* e outros alcançaram o sucesso; levando em conta o bem-estar do mundo, tu deves fazer o mesmo. [21] O que quer que um grande homem faça, os homens comuns com certeza seguirão o exemplo, e qualquer que seja o padrão que ele estabelecer, o mundo inteiro o aceitará. [22] Ó *Pārtha*, eu mesmo não sou obrigado a cumprir dever algum em todos os três mundos, e não tenho mais nada a realizar, mas, ainda assim, sigo o *dharma*. [23] Pois, se eu deixar de agir incansavelmente, toda a humanidade seguirá meu caminho. [24] Se eu deixasse de cumprir meus deveres, todos esses mundos teriam perecido, e eu teria causado a mistura entre as classes sociais, assim como destruído multidões de criaturas. [25] Assim como os insensatos realizam seus deveres por interesse, os sábios o fazem desinteressadamente, desejando o bem-estar do mundo. [26] O sábio não deve perturbar os ignorantes cuja mente está ligada a atividades variadas, mas deve encorajá-los a realizar seus deveres e assim desfrutar de todo tipo de ação, ao passo que ele mesmo age de maneira controlada.

Os *guṇa* estão agindo por si mesmos; portanto, é melhor aderir ao dever

[27] Embora as ações em todos os aspectos sejam desempenhadas pelos *guṇa* da natureza material, a alma encarnada, confundida pelo ego, pensa: "Na

verdade, eu sou quem faz as coisas". [28] Mas quem conhece a verdade, ó poderoso *Arjuna*, a respeito da separação (da alma) tanto dos *guṇa* como da atividade, e vê claramente que os *guṇa* atuam entre si, não está preso. [29] Aqueles que estão confusos pelos *guṇa* da natureza material estão ligados às ações dentro do escopo dos *guṇa*. No entanto, aquele cujo conhecimento é completo não pode perturbar os tolos, cujo conhecimento é incompleto. [30] Dedicando todas as tuas atividades a mim com a mente concentrada no *eu* superior, sem desejo e evitando a possessividade, deixa a letargia de lado e luta! [31] Aqueles que sempre seguem esta minha doutrina enquanto são fiéis e evitam a inveja também são libertos da escravidão do *karman*. [32] Mas aqueles que rejeitam meus ensinamentos por inveja e, portanto, não os praticam, estão iludidos em todo o conhecimento deles; fica sabendo que esses tolos estão perdidos. [33] Mesmo um homem sábio age de acordo com sua própria natureza, pois todos os seres vivos seguem sua natureza; portanto, o que se pode conseguir com a repressão? [34] Atração e repulsa entre os sentidos e seus objetos certamente existem, mas não se deve cair sob o poder delas, pois ambas são inimigas. [35] Melhor ser deficiente em seguir o próprio dever segundo o *dharma* a cumprir bem o dever de outro; até mesmo a morte durante o cumprimento do dever é melhor, pois seguir o dever de outra pessoa é um convite ao perigo.

O verdadeiro inimigo é o desejo incontrolável

36 *Arjuna* disse: O que impele alguém a cometer o mal,
mesmo contra a sua vontade, como se conduzido pela
força, ó descendente de *Vṛṣṇi*? 37 O bem-aventurado
Senhor disse: É o desejo, que é a ira originária do *guṇa*
passional, e é o grande mal e o grande devorador; fica
sabendo que ele é o inimigo. 38 Como o fogo é obscu-
recido pela fumaça, como um espelho é coberto pelo
pó, e como o embrião é envolvido pelo útero, assim
é o ser vivo obscurecido pelo desejo incontrolável[4].
39 Este inimigo eterno cobre até mesmo o conheci-
mento do sábio, ó *Kaunteya*, ao tomar a forma deste
fogo insaciável, o desejo. 40 É dito que ele habita nos
sentidos, na mente e na inteligência; através destes
ilude a alma encarnada e nubla seu conhecimento.
41 Portanto, ó touro entre os *Bhārata*, tu deves contro-
lar os sentidos primeiro; então destrói este mal, que é
o destruidor do conhecimento e do autoconhecimen-
to. 42 Dizem que os sentidos são elevados, mas acima
dos sentidos está a mente. A inteligência é ainda su-
perior à mente, mas superior até mesmo à inteligên-
cia é a alma. 43 Ó *Arjuna* de braços poderosos, por
entenderes que tu mesmo estás acima da inteligência,
deixa o *eu* conduzir tua mente e destruir o inimigo
indomável que toma a forma de desejo incontrolável.

---

4. *Idam*, "isto" pode ser lido como "este mundo" também; assim, em vez de o ser vivo ser obscurecido pelo desejo, seria o mundo que é obscurecido pelo desejo.

4

A ENCARNAÇÃO DA PESSOA SUPREMA

Kṛṣṇa* é a Pessoa Suprema que aparece neste mundo para resgatar o *dharma

1 O bem-aventurado Senhor disse: Eu apresentei este *yoga* eterno a *Vivasvat*, o deus do sol; *Vivasvat*, por sua vez, o transmitiu a *Manu*, o pai da humanidade, e *Manu* ensinou este *yoga* a *Ikvśāku*.
2 Deste modo, este conhecimento foi transmitido através de uma sucessão tradicional de discípulos e como tal tornou-se conhecido pelos reis sábios; no entanto, depois de um longo período na Terra, este *yoga* foi perdido, ó *Paraṁtapa*.
3 Eu agora transmito esse mesmo *yoga* antigo a ti, pois tu és meu devoto bem como meu amigo; de fato, esse é o mistério supremo.
4 *Arjuna* disse: teu nascimento foi mais tarde, enquanto o nascimento de *Vivasvat* foi anterior; como posso compreender que tu ensinaste essa sabedoria a *Vivasvat* em um passado distante?
5 O bem-aventurado

Senhor disse: por muitos nascimentos eu passei, e tu também, ó *Arjuna*; eu conheço todos eles, mas tu não os conheces, ó *Paraṁtapa*. [6] Embora eu nunca tenha nascido e eu seja imortal, e embora eu seja o senhor de todos os seres, quando eu assumo a natureza material a qual possuo e controlo, eu nasço através do meu próprio poder supremo. [7] De fato, sempre que ocorre um declínio no *dharma*, e uma onda de *adharma*, eu mesmo apareço. [8] Para salvar os bons e os piedosos, destruir os malfeitores e restabelecer o *dharma*, eu mesmo reencarno neste mundo era após era. [9] Aquele que assim conhece de verdade o meu nascimento e atos divinos, depois de deixar o seu corpo, não reencarna neste mundo, mas ele vem a mim, ó *Arjuna*. [10] Livres do desejo, do medo e da ira, absortos em mim e buscando refúgio em mim, muitos foram purificados pelo fogo da sabedoria, e assim alcançaram minha natureza. [11] Conforme se entregam a mim, eu os recompenso na mesma proporção. De qualquer forma, os homens seguem meu caminho em todos os aspectos, ó *Pārtha*.

A doutrina da ação: Agir sem aprisionamento

[12] Aqueles que desejam sucesso através de rituais védicos sacrificam aos deuses aqui neste mundo, pois o sucesso resultante de tais rituais, de fato, vem rapidamente no mundo dos homens. [13] Eu criei as qua-

tro classes sociais de acordo com as divisões dos *guṇa* e modos de trabalho; embora eu seja o criador desse sistema, fica sabendo que eu sou eternamente um não realizador de ações. [14] As ações não me contaminam, pois não tenho desejo por seus frutos; nem é, quem me entende como tal, aprisionado por ações. [15] Como sabiam disso e desejavam a libertação, até os antigos recorreram à ação; portanto, tu também deves agir como os antigos fizeram no passado. [16] O que é ação? O que é inação? Até os sábios estão confusos sobre esse assunto. Agora vou explicar o tema da ação para ti; ao entender isso, tu estarás livre do mal. [17] É preciso saber o que é ação (*karman*), é preciso saber o que é ação imprópria (*vikarman*) e deve-se saber o que é inação (*akarman*), pois é realmente profundo o curso da ação. [18] Aquele que vê a inação na ação e a ação na inação é considerado iluminado entre os homens; apesar de realizar todos os tipos de ações, ele está conectado[5]. [19] Aquele cujos esforços são desprovidos de intenção de satisfazer o desejo incontrolável e cujo *karman* foi queimado no fogo do conhecimento é chamado de homem instruído pelos sábios iluminados. [20] Ao renunciar ao apego aos frutos da ação, sempre satisfeito e autossuficiente, embora envolvido em atividades de fato, ele não faz absolutamente nada. [21] Livre de desejos e com sua mente controlada, tendo renunciado a toda ideia de

5. Conectado – *yukta*.

possessividade e agindo apenas para as necessidades básicas do corpo, mesmo que envolvido em atividade, nenhuma reação maligna o toca. 22 Aquele que está satisfeito com o ganho que vem por si mesmo, que transcende as dualidades, que é desprovido de inveja e aceita tanto os sucessos como os fracassos não é aprisionado mesmo quando age.

Sacrifício como meio para alcançar o Supremo

23 As reações após a atividade (*karman*) se dissolvem para aquele que realiza o sacrifício, que está em um estado liberto e livre do apego, e com a mente entregue ao conhecimento. 24 *Brahman* é a oferenda e *Brahman* é a oblação que é derramada no fogo do *Brahman* por *Brahman*; aquele que assim contempla o ato de sacrifício alcança o *Brahman*. 25 Alguns *yogin* adoram os deuses somente através do sacrifício, enquanto outros sacrificam através da oferenda no fogo do *Brahman*. 26 Outros ainda sacrificam os sentidos, tais como ouvir no fogo do autocontrole, enquanto alguns oferecem os objetos dos sentidos, como o som, no fogo dos sentidos. 27 Outros oferecem todas as ações dos sentidos e os movimentos do ar da vida no fogo do *yoga* do autocontrole, um fogo que é aceso pela tocha do conhecimento[6]. 28 Estri-

6. A "tocha do conhecimento": literalmente, "aceso pelo conhecimento".

tamente autocontrolados e seguindo votos rígidos, alguns sacrificam posses materiais, alguns sacrificam através de práticas de ascese, alguns através da realização de *yoga*, enquanto outros sacrificam através do estudo e recitação dos *Veda*. [29] Alguns oferecem a inspiração para a expiração e a expiração para a inspiração; restringindo assim o processo de respiração, eles têm a intenção de controlar o ar vital. [30] Outros, assim, restringindo a comida, oferecem o ar da vida para dentro de si; todos estes que sacrificam conhecem o significado do sacrifício e todos os seus pecados são destruídos pelo sacrifício. [31] Ao comer o néctar das sobras do sacrifício, eles vão para o eterno *Brahman*. Ó melhor dos *Kuru*, nem mesmo este mundo é para aqueles que não sacrificam; como então o seria o além-mundo? [32] Assim, diversos tipos de sacrifícios se espalham na boca do *Brahman*; fica sabendo que todos nascem da ação, pois conhecendo-os assim, tu deves alcançar a libertação. [33] O sacrifício do conhecimento é superior ao oferecimento de bens materiais, ó *Paraṁtapa*, pois o ponto culminante de todas as atividades, sem exceção, é a obtenção de conhecimento.

O conhecimento e seus frutos

[34] Entende isso caindo aos pés dos mestres, fazendo-lhes perguntas e oferecendo-lhes serviço; ao fazê-lo, os homens de sabedoria e visão da verda-

de transmitirão conhecimento a ti. [35] Dotado desse conhecimento, tu não cairás novamente na ilusão, ó Filho de *Pāṇḍu*, e verás todos os seres vivos no *eu*, e, inclusive, dentro de mim. [36] Mesmo que sejas o pior pecador de todos os vilões, tu atravessarás todo o mal apenas subindo ao barco do conhecimento. [37] Ó *Arjuna*, assim como o fogo reduz a madeira a cinzas, o fogo do conhecimento reduz todo o *karman* individual a cinzas. [38] Pois neste mundo não há purificador igual ao conhecimento; aquele que alcançou a perfeição do *yoga*, no devido curso do tempo percebe isso dentro de si mesmo. [39] O fiel que deseja isso e domina os sentidos alcança esse conhecimento, e logo alcança a serenidade profunda. [40] Contudo, quem não tem fé, é ignorante e está crivado de dúvidas perece; de fato, aquele que é cheio de dúvidas não conquista este mundo, nem o próximo, nem mesmo a felicidade. [41] O *Dhanaṁjaya*, aquele que renunciou à atividade através do *yoga*, cujas dúvidas foram cortadas pelo conhecimento e é autossuficiente, não está atado por ações. [42] Portanto, ó *Bhārata*, deves cortar a dúvida que vem de nada além da ignorância do teu coração, e com tua própria espada do conhecimento recorre ao *yoga* e levanta-te para a batalha!

5

O CAMINHO DA AÇÃO ILUMINADA – PARTE II

O caminho do conhecimento e o caminho da ação levam à libertação, mas a ação é preferível

1 *Arjuna* disse: ó *Kṛṣṇa*, enquanto me exortas a desistir da ação, tu louvas o caminho da ação pelo *yoga*; por favor, deixa claro para mim qual dos dois é preferível?
2 O bem-aventurado Senhor disse: Tanto a renúncia à atividade como a ação pelo *yoga* conduzem ao bem maior, mas, das duas, o *karma-yoga* ou a ação pelo *yoga* excede em absoluto a ação de renúncia. 3 Aquele
que não odeia nem deseja deve ser conhecido como alguém que está sempre em estado de renúncia; indiferente às dualidades, ele é facilmente libertado do aprisionamento material, ó *Arjuna* de braços poderosos. 4 Não são os instruídos, mas sim os tolos que
afirmam que *sāṅkhya* e *yoga* são diferentes e separados, pois cada um deles, quando apropriadamente praticado, produz o fruto de ambos. 5 Aqueles que

praticam *yoga* também podem alcançar a posição alcançada pelos praticantes do *sāṅkhya*; aquele que vê que *sāṅkhya* e *yoga* são uma e a mesma coisa realmente vê. 6 É difícil, de fato, alcançar a renúncia que não é apoiada pela prática do *yoga*, mas o sábio absorto no *yoga* rapidamente alcança o *Brahman*.

Desprendimento externo e felicidade interna

7 Aquele que está absorto no *yoga*, que é uma alma pura, que é autocontrolado e subjugou seus sentidos, e que está profundamente relacionado com todos os seres vivos, nunca é corrompido, embora ele aja[7]. 8-9 "Eu não estou realmente fazendo nada", reflete o conhecedor da verdade absorto no *yoga*. Ao ver, ouvir, tocar, cheirar, comer, caminhar, dormir, respirar, evacuar, receber, abrir ou fechar os olhos, ele medita e considera tudo isso como nada além dos sentidos atuando entre os objetos dos sentidos. 10 Aquele que age sem apego, oferecendo suas ações ao *Brahman*, não é maculado pelo mal, como a folha de lótus não é tocada pela água. 11 Ao deixar de lado os apegos, os *yogin* agem com a mente, a inteligên-

7. A frase *sarva-bhūtātma-bhūtātmā* nos convida a várias interpretações. Śaṅkara interpreta que a frase apoia a doutrina *advaita*, em que uma alma específica se tornou una com todas as almas. A interpretação de Rāmānuja é que "ele acha que o seu *eu* é semelhante ao *eu* de todos os seres". Eu traduzi como "profundamente relacionado a todos os seres", que aceita assim várias relações possíveis entre si e todos os seres: unidade, semelhança, e considera todos os seres queridos para si mesmo.

cia, o corpo e até mesmo com os sentidos para o propósito da purificação pessoal. [12] Ao desistir dos frutos das ações, aquele que está absorto no *yoga* obtém a paz profunda e duradoura. No entanto, aquele que não mantém esse estado de espírito, que está ligado a esses frutos e age com desejo por eles, está aprisionado. [13] Quando a alma que reside no corpo renuncia a todas as ações mentalmente, ela permanece feliz e governa a cidade de nove portões (o corpo), não agindo nem acumulando *karman*.

No entanto, quem é o executor da ação?

[14] O senhor do corpo (a alma) não é a causa da ação, nem da relação de ação com seus frutos; tudo isso é posto em movimento pela própria natureza do indivíduo. [15] O Supremo também não aceita a responsabilidade pelos feitos errados de alguém nem por suas boas ações; é a ignorância que cobre o conhecimento e faz com que os seres vivos caiam na ilusão. [16] Mas para aqueles cuja ignorância a respeito do *eu* é destruída pelo conhecimento, aquele conhecimento que é brilhante como o sol revela o Supremo. [17] Aqueles cuja consciência, o próprio eu, determinação e devoção são todos dirigidos ao Supremo nunca mais voltam, visto que o conhecimento limpou suas falhas. [18] Os sábios, de fato, são aqueles que não veem diferença entre um brâmane erudito de conduta distinta, uma vaca, um elefante, um cão e até mesmo um devorador de cães.

O *yogin* ideal

19 Aqueles que alcançaram a equanimidade mental venceram o ciclo reencarnatório mesmo enquanto viviam neste mundo; eles estão estabelecidos no *Brahman*, pois o *Brahman* é de fato impecável e imparcial. 20 Tal pessoa pode não se alegrar ao atingir o desejado, nem se lamentar de receber o indesejado. Com uma consciência firme e não iludida, ele é um verdadeiro conhecedor do *Brahman*; dessa forma, ele está estabelecido no *Brahman*. 21 Ele está desapegado de contatos sensórios externos, ele encontra em si mesmo grande êxtase, ele está absorto no *Brahman* através do *yoga* e, como tal, ele aprecia a felicidade permanente. 22 Esses prazeres que surgem dos contatos dos sentidos são, de fato, apenas fontes de miséria; além disso, eles têm um começo e um fim; assim, os iluminados não se alegram com eles. 23 Aquele que pode suportar os ímpetos originados do desejo incontrolável e da ira neste mundo, antes de ser libertado do corpo, já está conectado e é uma pessoa feliz. 24 Aquele cuja felicidade é interna, cujo prazer é interno e cuja iluminação também é interna, é na verdade um *yogin*; com todo o seu ser absorto no *Brahman*, ele alcança a extinção no *Brahman*. 25 Os videntes cujos males foram erradicados, livres de dúvidas, autocontrolados e que querem o bem-estar de todos os seres, atingem a extinção no *Brahman*. 26 Para aqueles libertos do desejo incon-

trolável e da raiva, que são ascetas de mente controlada e que conhecem o *eu*, para eles, a extinção no *Brahman* está próxima. [27]-[28] Interrompendo o fluxo das impressões dos sentidos, focalizando o olhar entre as sobrancelhas, equilibrando a inspiração e a expiração nas narinas, restringindo os sentidos, a mente e a inteligência, assim, o sábio que tem a intenção de se libertar e cujos desejos, medo e raiva se foram, está de fato para sempre liberto. [29] Conhecendo-me como o desfrutador de sacrifícios e asceses, como o grande Senhor de todos os mundos, e como o amigo que deseja bem a todos os seres, ele alcança, portanto, uma paz profunda.

6

O CAMINHO DO YOGA CLÁSSICO

A mente é tanto amiga quanto inimiga

[1] O bem-aventurado Senhor disse: Aquele que cumpre o seu dever independentemente dos frutos de suas ações é de fato um renunciante e um *yogin*, e não aquele que não acende o fogo do sacrifício ou evita realizar seus deveres. [2] Aquilo que é chamado de renúncia, fica sabendo que é o mesmo que *yoga*, ó *Pāṇḍava*, assim como, de fato, ninguém pode se tornar um *yogin* sem primeiro renunciar a qualquer desejo egoísta. [3] Para o sábio que deseja progredir no caminho do *yoga*, a ação é considerada o meio, ao passo que, para aquele que progrediu e atingiu o auge do *yoga*, a extinção das atividades externas é considerada o meio. [4] Quando o indivíduo perde o interesse nos objetos dos sentidos, bem como em atividades, e desiste de quaisquer iniciativas externas, diz-se que o auge do *yoga* foi alcançado por ele. [5] Deve-se usar a mente para elevar-se e não se degra-

dar, pois a mente é, de fato, o único amigo do indivíduo – e seu único inimigo também. [6] Para quem conquistou a mente, esta mesma mente será sua amiga, mas para alguém que não conseguiu fazê-lo, sua mente será uma inimiga implacável. [7] Para aquele que conquistou sua mente e, consequentemente, alcançou uma paz mental, a visão da Pessoa Suprema no coração pode ser firmemente mantida no calor e no frio, na felicidade e aflição e na honra e desonra. [8] Aquele que está absorto tanto no conhecimento e na compreensão e está, portanto, contente, fixo em contemplação e que conquistou os sentidos – esse *yogin* dizem ser de fato conectado. Com a mesma simpatia, ele olha para um pedaço de barro, uma pedra e um pedaço de ouro. [9] No entanto, mais elevado é aquele que considera igualmente amigos, aliados, inimigos, as partes neutras e não envolvidas, homens odiosos, parentes, justos e perversos.

A prática de *yoga*

[10] O *yogin* deve estar constantemente absorto na autocontemplação, na solidão e sozinho, autocontrolado, sem desejo e sem posses. [11] Ele deve se estabelecer em um lugar firme, com assento firme, nem muito alto nem muito baixo, e deve cobri-lo com um pano, uma pele de cervo e relva *kuśa*. [12] Nesse assento, ele deve focar sua mente em um ponto, controlar suas atividades mentais e sensórias e pra-

ticar *yoga* para a autopurificação. [13] Mantendo corpo, cabeça e pescoço eretos e imóveis, fixando o olhar na ponta do nariz, sem olhar para o lado, [14] em um estado de profunda serenidade, sem medo, firme no celibato, mente subjugada, com a consciência fixa em mim, ele deve se sentar concentrado e me contemplar como o Supremo. [15] Dessa forma, conforme o *yogin* se absorve no *yoga* com uma mente controlada, ele alcança a paz, a completa extinção e união comigo.

O caminho do meio e o estado de *samādhi*

[16] O caminho do *yoga* não é bom para quem come muito, nem para quem come pouco, nem para quem dorme em demasia nem para quem está sempre acordado. [17] Para aquele que é moderado e refreado na alimentação, na diversão e em atividades, no sono e na vigília, o *yoga* dissipa todo o sofrimento. [18] Quando um homem de consciência contida está absorto apenas no *eu*, desprovido de qualquer sinal de desejo ou desejo incontrolável, diz-se que ele está realmente conectado. [19] Como diz o ditado familiar, a chama da vela em um lugar sem vento não tremula; assim o é para o *yogin* de mente controlada absorto e focado no *yoga* do *eu*. [20] Quando a consciência repousa pacificamente, restringida pela prática do *yoga*, então o *eu* pode se ver diretamente e ficar assim satisfeito consigo mesmo. [21] Neste ponto ele experimenta uma felicidade infinita, que é percebida

através de uma consciência interna além dos sentidos; firmemente estabelecido, ele não se desvia da verdade. 22 Ao atingir isto, ele considera que não há outra conquista maior e, assim situado, mesmo a infelicidade extrema não o abala. 23 Fica sabendo que a dissolução da união profunda com a infelicidade é chamada de *yoga*, e deve ser praticada com determinação sincera.

A luta compensadora contra a mente turbulenta

24 Deixando de lado todos os desejos decorrentes das intenções mundanas, ele deve subjugar completamente os sentidos em conjunto através da mente. 25 Pouco a pouco, ele deve descansar a mente, enquanto controla firmemente a consciência; ele deve fixar a mente no *eu*, contemplando mais nada. 26 Para qualquer objeto ou lugar que a mente vacilante e instável vagueie, ela deve ser contida e trazida de volta ao controle do *eu*. 27 O *yogin* que elevou sua mente a um estado de serenidade, na verdade, atingiu a mais alta felicidade; com as paixões pacificadas, ele se torna impecável e completamente absorto no *Brahman*. 28 O *yogin* que constantemente pratica isso torna-se livre de mácula; ele se aproxima do *Brahman* facilmente e alcança a felicidade infinita. 29 Aquele que está profundamente absorto no *yoga* visualiza o *eu* como presente em todos os seres e imagina todos os seres como presentes no *eu*; assim, ele alcança uma visão

equânime em todas as circunstâncias. [30] Pois quem me vê em toda parte e vê tudo em mim, nunca fico perdido, nem ele está perdido para mim. [31] Aquele que está absorto na visão da unidade e sob qualquer circunstância me adora como presente em todos os seres – ele é um *yogin* de fato, e em mim ele habita. [32] Ó *Arjuna*, aquele que em relação a si mesmo vê todos os seres com equanimidade, seja na felicidade ou na aflição, é considerado o *yogin* supremo.

A natureza da mente e o esforço contínuo pela perfeição

[33] *Arjuna* disse: Ó *Madhusūdana*, este sistema de *yoga* e a equanimidade que você acaba de propor parecem-me não ter um embasamento firme, porque a mente é caprichosa demais. [34] Pois a mente é inquieta, impetuosa, poderosa e obstinada, ó *Kṛṣṇa*, e acredito que contê-la seria tão difícil quanto conter o vento que sopra. [35] O bem-aventurado Senhor disse: indubitavelmente, ó homem de braços poderosos, a mente é inquieta e difícil de ser contida; ainda assim, pode ser controlada por prática e desapego constantes. [36] Embora eu concorde que este sistema de *yoga* é difícil para alguém cuja mente é descontrolada, ele é, no entanto, possível para alguém que se esforça para tal moderação por meios de adaptação. [37] *Arjuna* disse: Qual é o destino de alguém que segue este caminho fielmente, mas sem se conter? Sua mente, assim, se

desvia do caminho do *yoga*, e assim ele não alcança o estado de perfeição; para onde ele irá? [38] Ó *Kṛṣṇa*, ele não se desvanece como uma nuvem dividida, perdendo os dois mundos, sem terra firme e desviado do caminho que leva ao *Brahman*? [39] Ó *Kṛṣṇa*, por favor, dissipa totalmente essa minha dúvida, pois ninguém pode dissipar isso, a não ser tu mesmo. [40] O bem-aventurado Senhor disse: Ó *Pārtha*, neste mundo nem no próximo ele se deparará com a destruição; ó meu amigo, aquele que faz o bem nunca terá um mau destino. [41] Ao atingir os mundos dos justos e permanecer nele por anos sem fim, aquele que se desviou do caminho do *yoga* renasce no lar de pessoas puras e justas, ou numa família próspera e aristocrática. [42] Ou então, ele nasce em um clã de *yogin* iluminados; sem dúvida, tal nascimento é raro neste mundo. [43] Daí ele recupera a consciência adquirida em sua vida anterior e, a partir daí, volta à perfeição. [44] O poder de sua prática anterior o atrai para o caminho do *yoga*, às vezes, até mesmo sem desejar, e ele deseja conhecê-lo; assim, ele transcende as palavras dos *Veda*. [45] Purificado de todos os males e alcançada a perfeição pela prática da restrição depois de muitos nascimentos, ele então segue para o objetivo supremo. [46] O *yogin* é superior aos ascetas, o *yogin* é superior aos intelectuais e o *yogin* é superior aos praticantes de rituais; portanto, ó *Arjuna*, sê um *yogin*! [47] E de todos os *yogin*, aquele cujo *eu* interior está absorto em mim e que me adora com fé e amor, eu considero ser o melhor de todos os *yogin*.

7

A VISÃO DO SUPREMO – PARTE I

Introdução ao conhecimento mais elevado

1 O bem-aventurado Senhor disse: Com tua mente
absorta em mim, fixo no *yoga* e encontrando refúgio
em mim, tu podes me conhecer inteiramente e além
da dúvida; ouve agora. 2 Eu irei revelar a ti completa-
mente o conhecimento acompanhado de compreen-
são; ao adquirir este conhecimento, nada mais neste
mundo restará para ser conhecido. 3 Entre milhares
de homens, dificilmente alguém busca a perfeição, e
mesmo entre aqueles que se esforçaram e alcançaram
a perfeição, quase ninguém me conhece na verdade.

Matéria, as almas eternas e a Pessoa Suprema

4 Terra, água, fogo, ar, éter, mente, intelecto e ego –
esses oito compõem minha natureza inferior separada.
5 Mas tu deves saber que além desta natureza inferior,
ó homem de braços poderosos, existe outra natureza

superior que é minha, composta de almas eternas, pelas quais este mundo é sustentado. 6 Deve-se entender que todos os seres vivos têm sua fonte nessas duas naturezas[8]. Eu sou a origem de todo este universo e da sua dissolução também. 7 Ó *Dhanaṁjaya*, não existe nada maior que eu; tudo depende de mim como pérolas que estão ensartadas em um fio. 8 Eu sou o gosto da água, ó *Kaunteya*, e eu sou a luz do sol e da lua; eu sou a sílaba sagrada *Om* em todos os *Veda*, o som no éter e a humanidade no homem. 9 A fragrância pura da terra sou eu, e o esplendor do fogo; eu sou a vida de todos os seres vivos e a ascese dos ascetas. 10 Fica sabendo, *Pārtha*, que sou a semente primordial de todas as criaturas, a sabedoria dos sábios e o esplendor do esplêndido. 11 E do poderoso sou o poder desprovido de desejo incontrolável e paixão; esse desejo em todas as criaturas eu sou, que não é inconsistente com o *dharma*, ó *Bharatarṣabha*. 12 Saiba que todos os estados de existência, sejam eles caracterizados por *sattva*, *rajas* ou *tamas*, têm sua fonte em mim somente; mas eu não estou neles – ao contrário, eles estão em mim. 13 O mundo inteiro está iludido pelos três estados de existência produzidos pelos *guṇa*, e assim ele falha em me reconhecer, que estou eternamente acima deles.

---

8. Embora o texto não seja explícito em relação às duas naturezas, aparentemente ele se refere às duas naturezas mencionadas nas estrofes 4 e 5. Tanto Śaṅkara como Rāmānuja se referem a duas naturezas. Cf. tb. EDGERTON, F. *The Bhagavad-gītā*. Cambridge, 1972, nota 2, cap. 7, p. 95-96.

É impossível superar a Ilusão a menos que o indivíduo se entregue a *Kṛṣṇa*

[14] Divino, de fato, e difícil de ser penetrado é meu poder ilusório, que consiste em três *guṇa*; mas aqueles que se entregaram a mim apenas podem transcendê-lo. [15] Os malfeitores, tolos iludidos e homens desprezíveis não se refugiam em mim; assim, a ilusão priva-os do conhecimento e, logo, eles se refugiam na existência demoníaca. [16] Quatro tipos de homens piedosos me adoram, ó *Arjuna*: o que passa por dificuldades, o buscador do conhecimento, o buscador da riqueza e o sábio. [17] O mais elevado entre eles é o sábio, que está dedicado somente a mim e está sempre absorto em mim, pois eu sou muito querido para ele, e ele é querido para mim. [18] Nobres, na verdade, são todos eles, mas o sábio considero ser eu mesmo, pois ele está firmemente estabelecido como uma alma absorta em mim, e eu sou o seu objetivo mais elevado. [19] No final de muitos nascimentos, o sábio se entrega a mim, meditando que "*Vāsudeva* é tudo"; é difícil, na verdade, encontrar uma alma tão nobre.

Devoção a outros deuses representa um estado de ilusão

[20] Aqueles que são privados de sabedoria por vários desejos recorrem a outros deuses. Embora sigam várias observâncias religiosas, eles são, no entanto, compelidos por sua própria natureza. [21] Quem quer que

seja esse devoto, e seja qual for a forma divina que ele deseje adorar fielmente, sou eu que lhe concedo essa fé firme. 22 Dotado dessa fé, ele se esforça para adorar essa divindade e, assim, seus desejos são satisfeitos; na verdade, só através de mim esses desejos são satisfeitos. 23 Em todo caso, efêmero é o fruto que essas pessoas de pouca inteligência obtêm; aqueles que adoram os deuses irão aos deuses, enquanto meus devotos certamente virão a mim. 24 O não inteligente considera-me o invisível que se tornou visível, sem saber que minha natureza superior é eterna e suprema. 25 Nublado por meu poder ilusório não sou visível a todos, e assim o mundo iludido não me conhece, que sou não nascido e eterno. 26 Ó *Arjuna*, eu conheço todas as criaturas, aquelas do passado, aquelas que agora existem e aquelas que virão a existir, mas a mim, ninguém conhece. 27 Desde o seu nascimento, todos os seres vivos são cobertos pela ilusão com suas ondas de desejo e ódio, devido ao poder ilusório das dualidades. 28 Mas aqueles que são piedosos, cujos males terminaram, são libertos desse poder ilusório e me adoram firmes em seus votos. 29 Ao se abrigarem em mim, aqueles que se esforçam por se libertar da velhice e da morte conhecem o *Brahman* completamente, assim como o *eu* e as atividades. 30 Aqueles que me conhecem como mais elevado que os elementos da criação, como o chefe dos deuses e o princípio do sacrifício, eles, tendo sua consciência absorta no *yoga*, conhecem-me até na hora da morte.

8

DESENCARNANDO: OS MUNDOS EFÊMERO E ETERNO

As oito perguntas de *Arjuna*

1 *Arjuna* disse: ó Pessoa Suprema, o que é *Brahman*?
O que é o *eu*? O que é atividade? Quais são os ele-
mentos que constituem a criação? O que é o divi-
no? 2 Qual é o princípio subjacente ao sacrifício, e
como ele reside neste corpo, ó *Madhusūdana*? E co-
mo pode o autocontrolado conhecer-te na hora
da morte? 3 O bem-aventurado Senhor disse:
O *Brahman* supremo é o imortal, e o *eu* é dito ser
sua própria natureza; a força criativa da qual a na-
tureza dos seres se origina é conhecida como ação.
4 Ó melhor entre os encarnados, os elementos que
compõem a criação constituem apenas uma existên-
cia temporária; o divino é a Pessoa Universal e eu,
residindo no corpo, sou o princípio subjacente ao
sacrifício. 5 E aquele que no final da vida, na última
hora, enquanto desencarna, lembra-se apenas de
mim, alcançará meu ser; sobre isso não há dúvida.

A lembrança da Pessoa Suprema ao desencarnar liberta o indivíduo do mundo

6 Qualquer estado de lembrança nesse momento
final, quando uma pessoa desencarna – para esse
exato estado ele certamente irá, ó *Kaunteya*, através
da transformação de seu próprio ser. 7 Portanto, em
todos os momentos, lembra-te de mim e luta; com
tua mente e inteligência absortas em mim, tu virás a
mim sem dúvida. 8 Ó *Pārtha*, quem medita na Pes-
soa Suprema divina através da prática constante de
yoga, com uma consciência inabalável, vai até ela.
9 Deve-se meditar nele como o antigo vidente, como
o controlador, menor que o átomo, como o susten-
tador de todos, que tem uma forma inconcebível,
tão brilhante quanto o sol e além da escuridão.
10 Com a mente inabalável, absorta em devoção,
apoiada pela força do *yoga*, e com o ar vital entre as
sobrancelhas – aquele que mantém esse estado na
hora da morte, alcança aquela Pessoa Suprema di-
vina. 11 Agora eu explicarei brevemente a ti o cami-
nho que conduz à morada conhecida pelos sábios do
Veda como a imperecível; ascetas que desejam esta
morada praticam o celibato e, uma vez libertos da
paixão, entram nela. 12 Quando todos os portões do
corpo estão sob controle, quando a mente é contida
no coração, quando o ar da vida é mantido dentro
da cabeça, nesse momento, a pessoa fica estabelecida
na concentração do *yoga*. 13 Aquele que desencarna

enquanto pronuncia a única sílaba que é *Brahman*, o *Om*, enquanto medita em mim, alcança o objetivo supremo. [14] Ó *Pārtha*, eu sou facilmente alcançado pelo *yogin* que sempre se lembra de mim, que está constante e totalmente absorto em mim, e está assim sempre conectado. [15] Depois de chegar a mim, estas grandes almas não se submetem novamente ao nascimento na morada transitória da miséria, pois atingiram a mais alta perfeição.

O mundo efêmero e o mundo eterno

[16] Todos os mundos, até o mundo de *Brahmā*, estão sujeitos a nascimentos repetidos, mas depois de chegar a mim, não há mais reencarnações. [17] Aqueles que conhecem dias e noites sabem que o dia de *Brahmā* dura mil eras, e sua noite termina depois de mil eras. [18] Na aurora do dia, todos os seres emergem do estado invisível para se tornarem visíveis; ao cair da noite eles se dissolvem, retornando ao seu estado invisível. [19] Essa multidão de seres vivos se manifesta de forma cíclica, apenas para dissolver-se sem conseguir evitar com a queda da noite, ó *Pārtha*, e depois ela se surge novamente quando o dia amanhece. [20] No entanto, também existe um outro estado, invisível e eterno, que é mais elevado do que o estado invisível anterior; enquanto todos os seres perecem, esse estado não perece. [21] Dizem que é eterno e imortal, e declaram ser o destino supremo; ao

alcançá-lo, ninguém retorna aqui – essa é a minha
morada suprema. 22 Essa Pessoa Suprema é alcançá-
vel por devoção sincera; dentro dele todos os seres
existem e, por ele, tudo está impregnado.

Momentos desejáveis e indesejáveis para desencarnar

23 Ó melhor dos *Bhārata*, falarei agora sobre os vários
momentos para partida, nos quais os *yogin* retornam
ou não retornam. 24 Os homens que conhecem o
Brahman que partem pelo fogo, na luz, durante o
dia, na quinzena lunar luminosa e durante os seis
meses em que o sol perfaz seu curso setentrional,
vão ao *Brahman*. 25 No entanto, aqueles *yogin* que
partem na fumaça, durante a noite, na quinzena lu-
nar escura e durante os seis meses em que o sol per-
faz seu curso meridional, obtendo assim a luz lunar,
voltam a reencarnar. 26 Esses dois caminhos univer-
sais, a luz e a escuridão, são considerados eternos.
Pelo primeiro, a pessoa não retorna; pelo segundo,
ela retorna. 27 Conhecendo esses dois caminhos, o
yogin não se confunde de forma alguma; portanto,
em todos os momentos sê absorto em *yoga*, ó *Arju-
na*. 28 Sabendo de tudo isso, o *yogin* transcende até os
frutos da piedade alcançados pelo estudo dos *Veda*,
por sacrifícios, ascese e doação, e vai para o estado
original supremo.

9

A VISÃO DO SUPREMO – PARTE II

O conhecimento mais misterioso

1 O bem-aventurado Senhor disse: Eu revelarei agora
a ti, que és desprovido de inveja, o maior mistério de
todos; conhecimento e sua compreensão; sabendo
disso, tu serás libertado de tudo que é desfavorável.
2 Esta é uma ciência régia, um mistério régio, a puri-
ficadora suprema, experimentada diretamente, está
de acordo com o *dharma*, agradável de ser praticada
e eterna. 3 Ó *Paraṁtapa*, os desprovidos de fé neste
dharma não me alcançarão, mas retornarão ao cami-
nho da transmigração e morte repetidos.

A Pessoa Suprema é simultaneamente imanente e transcendente ao mundo material

4 Eu permeio o mundo inteiro na minha forma in-
visível; todos os seres dependem de mim, mas eu
não dependo deles. 5 E, no entanto, todos os seres

não dependem de mim; vê meu esplendor místico!
Eu sustento os seres, mas não dependo deles; meu
próprio eu é a causa do ser deles. [6] Como o grande
vento que vai por toda parte está eternamente con-
tido no espaço, saiba que da mesma forma todos os
seres estão contidos em mim. [7] Ó *Kaunteya*, no final
do vasto ciclo do tempo, todos os seres entram na
minha natureza material e, com o início de um novo
ciclo, eu os crio novamente. [8] Descansando em mi-
nha própria natureza, crio de novo e de novo toda
essa hoste de seres, que é involuntariamente ativada
por essa natureza. [9] Estas ações não me prendem, ó
Dhanaṁjaya, visto que sou indiferente e desapegado
de todas essas atividades. [10] A natureza material cria
todos os seres, móveis e imóveis, sob minha supervi-
são. Isso, ó *Kaunteya*, faz o mundo girar.

Os demônios e as grandes almas

[11] Os tolos zombam de mim quando adoto uma
forma humana, ignorando minha natureza superior
como o grande senhor de todos os seres. [12] Vãs são
suas aspirações, ações, conhecimento e ausência de
entendimento. Assim, a natureza deles é demoníaca,
imersa no mal e na ilusão. [13] Mas aquelas grandes
almas cuja natureza está imersa no divino adoram-
-me atentamente, sabendo que eu sou a fonte eterna
de todos os seres. [14] Sempre se esforçando para me
glorificar com firmeza, inclinando-se diante de mim

em devoção, eles estão sempre absortos em me adorar. 15 Outros, oferecendo-me o sacrifício do conhecimento, adoram-me como unidade, como diversidade, ou como manifestado de diversas maneiras e voltado para todas as direções. 16 Eu sou o ritual, eu sou o sacrifício, eu sou a oferenda aos antepassados, eu sou a erva curativa, eu sou o mantra, eu sou o *ghee*[9], eu sou o fogo e eu sou a oblação. 17 O pai do mundo inteiro sou eu, a mãe, o sustentador, o avô, o objeto do conhecimento, o purificador, a sílaba sagrada *Om*, os *Veda Ṛc*, *Sāman* e *Yajus*. 18 Eu sou a meta, o sustentador, o mestre, a testemunha, a morada, o refúgio, o amigo generoso, a origem, a dissolução, o fundamento, o lugar de descanso e a semente eterna. 19 Eu irradio calor, eu recolho e envio a chuva, eu sou a imortalidade e a morte também, e eu sou o existente e inexistente, ó *Arjuna*. 20 Os conhecedores dos três *Veda*, que bebem o suco de *soma*, purificam-se de seus males e adoram-me através de sacrifícios cujo objetivo é alcançar o céu[10]. Ao alcançar o mundo meritório de *Indra*, o senhor dos deuses, eles desfrutam das alegrias celestes dos deuses. 21 Após então desfrutar do vasto mundo celestial, com o mérito exaurido, eles entram novamente no mundo dos mortais. Assim, aqueles que seguem o

9. Manteiga clarificada.

10. Aparentemente, a adoração a *Kṛṣṇa* mencionada aqui é indireta; isto também corresponde à seção paralela no cap. 7, no qual se diz que aqueles que adoram os deuses os alcançam.

dharma védico, que anseiam por realizar seus desejos, obtêm desse modo apenas o temporário e o
impermanente. [22] Mas aqueles cuja consciência está fixa somente em mim, adorando-me e sempre absortos em mim, eu supro o que lhes falta e preservo
o que eles já possuem. [23] Mesmo aqueles devotados a outros deuses, que adoram essas divindades de boa-fé, na verdade, adoram unicamente a mim, ó *Kaunteya*, embora eles não sigam o procedimento
correto. [24] Pois só eu sou o mestre e desfrutador de todos os sacrifícios; alguns não conseguem reconhecer, embora verdadeiramente me conheçam
como tal e, portanto, caem. [25] Os devotados aos deuses vão aos deuses, os devotados aos antepassados vão aos antepassados, os devotados a fantasmas e espíritos vão aos fantasmas e espíritos, e aqueles que se devotam a mim certamente virão a mim.

Devoção pura

[26] Quando alguém me oferece em devoção uma folha, uma flor, uma fruta ou água, eu aceito essa oferenda amorosa, porque é feita por um coração
puro. [27] O que quer que fizeres, comeres, ofereceres em sacrifício, deres e a ascese que praticares, ó *Kaunteya*, faze isso como uma oferenda a mim.
[28] Assim, tu serás libertado do aprisionamento das ações, junto com seus frutos favoráveis e desfavoráveis. Totalmente absorto no *yoga* da renúncia, tu te

tornarás liberto e virás a mim. 29 Eu sou equânime
para com todos os seres, pois não odeio ninguém e
ninguém é querido por mim; no entanto, aqueles
que me adoram devotamente estão em mim e eu
também estou neles. 30 Mesmo o malfeitor contumaz,
quando fixo em devoção a mim, deve ser considerado
santo, pois sua convicção é correta. 31 Muito em breve
ele se estabelecerá no caminho do *dharma* e alcançará
a paz eterna. Ó *Kaunteya*, fica sabendo que meu de-
voto nunca será destruído! 32 Aqueles que se refugiam
em mim, sejam de origem humilde, mulheres, mer-
cadores ou até servos, até eles podem atingir o destino
mais elevado. 33 E ainda mais os brâmanes santos e os
reis iluminados e devotados! Portanto, já que vieste a
este mundo temporário e miserável, dedica-te a mim.
34 Sempre pensa em mim e torna-te meu devoto, ado-
ra-me e honra-me; assim, unindo-te a mim e atento a
mim como teu objetivo mais elevado, tu virás a mim.

10

A MUDANÇA NO CORAÇÃO DE ARJUNA E AS MANIFESTAÇÕES DIVINAS

Kṛṣṇa revela seu esplendor místico

[1]-[2] O bem-aventurado Senhor disse: Mais uma vez, ó *Arjuna* de braços fortes, como tu és querido por mim, por favor, ouve as minhas palavras supremas faladas em teu benefício; nem as hostes de deuses nem os grandes videntes conhecem minha origem, pois em todos os aspectos sou a fonte dos deuses e dos sábios. [3] Aquele que me conhece como o não nascido, sem começo e como o grande mestre do mundo, que é o imortal entre os mortais, está livre de todos os pecados. [4]-[5] Iluminação, conhecimento, liberdade da ilusão, tolerância, verdade, autocontrole, tranquilidade, felicidade, angústia, tornar-se e não tornar-se, medo e destemor, não violência, equanimidade, satisfação, ascese, doação, caridade,

fama e infâmia. Essa diversidade de modos exis-
tenciais de ser nascem de mim sozinho. 6 Os sete
grandes videntes antigos e os quatro *manu* dos quais
a população do mundo se origina têm sua origem
em mim, nascidos de minha mente. 7 Aquele que
conhece de verdade meu esplendor e meu poder
místico está fixo no *yoga* inabalável e, assim, uniu-
-se a mim; quanto a isso não há dúvida. 8 Eu sou a
fonte de tudo o que existe; de mim tudo emana; os
iluminados que assim me conhecem adoram-me de
todo coração. 9 Aqueles cuja consciência está absor-
vida em mim, para quem eu sou tudo, iluminam-
-se uns aos outros a meu respeito, constantemen-
te falando de mim; assim absortos, sentem muito
prazer e satisfação. 10 Àqueles assim constantemente
absortos em mim, que me adoram com amor, eu dou
o entendimento pelo qual eles podem vir a mim.
11 Somente pela compaixão, eu, habitando em seus
corações, destruo a escuridão da ignorância deles
com a tocha brilhante do conhecimento.

A mudança do coração de *Arjuna*

12 *Arjuna* disse: Vossa Excelência é o *Brahman* supre-
mo, a morada suprema, o purificador supremo, a
pessoa divina eterna, o Deus primordial, o não nasci-
do e onipresente. 13 Assim, todos os videntes declara-
ram; o vidente divino *Nārada*, *Asita*, *Devala* e *Vyāsa*
e, de fato, agora tu mesmo o declaras para mim.

[14] O *Keśava*, eu acredito que tudo o que tu estás me dizendo é verdade. Ó Senhor, nem os deuses nem os demônios conhecem tua aparência. [15] Ó Pessoa Suprema, mantenedora de tudo, senhor de todos os seres, Deus entre os deuses, mestre do mundo, tu mesmo conheces a ti mesmo através de ti mesmo.

As manifestações divinas no mundo

[16] Eu te imploro; descreve com detalhes as manifestações divinas de ti mesmo, nas quais tu habitas nos mundos e os permeia. [17] Ó *Yogin*, como posso sempre meditar em ti e conhecer-te? Ó Senhor, em quais diversos estados de ser tu podes ser contemplado? [18] *Janārdana*, por favor, descreve-me mais e com detalhes o teu poder supremo, pois nunca ficarei satisfeito em ouvir o néctar das tuas palavras. [19] O bem-aventurado Senhor disse: Que assim seja; eu descreverei a ti minhas manifestações divinas principais, pois minha plenitude é infinita. [20] Eu sou o *eu*, ó *Guḍākeśa*, que permanece no coração de cada ser; eu sou o começo, o meio e o fim de todos os seres. [21] Entre os *Āditya* eu sou *Viṣṇu*, das luzes sou o sol radiante, dos *marut* sou *Marīci* e entre estrelas, eu sou a lua. [22] Dos *Veda* eu sou o *Sāma-veda*, dos deuses eu sou *Indra*, entre os sentidos eu sou a mente, e dos seres eu sou consciência. [23] Dos *rudra* eu sou *Śiva*, dos *yakṣa* e *rakṣasa* eu sou *Kuvera*, dos *vasu* eu sou o fogo, e entre as montanhas eu sou *Meru*.

24 Ó *Pārtha*, dos sacerdotes fica sabendo como o
principal, *Bṛhaspati*. Dos generais eu sou *Skanda*,
e entre os corpos de água eu sou o oceano. 25 Dos
grandes videntes eu sou *Bhṛgu*, das expressões orais
eu sou a sílaba *Om*, dos sacrifícios eu sou o sacri-
fício *japa*, e entre seres imóveis sou as montanhas
Himālaya. 26 De todas as árvores eu sou o *Aśvattha*,
dos videntes divinos eu sou *Nārada*, dos *Gandharva*
eu sou *Citraratha*, e entre os seres aperfeiçoados o
sábio *Kapila*. 27 Dos cavalos fica sabendo que sou
Uccaiśravas, que nasceu do néctar do oceano, dos
elefantes nobres eu sou *Airāvata*, e o rei entre os ho-
mens. 28 Das armas eu sou o raio, das vacas eu sou
a vaca que satisfaz desejos, na procriação sou *Kan-
darpa*, o deus do amor, e entre as serpentes eu sou
Vāsuki. 29 Dos *nāga* eu sou *Ananta*, dos aquáticos
eu sou *Varuṇa*, de antepassados que partiram sou
Aryamā e entre aqueles que domam eu sou *Yama*.
30 Dos *daityas* eu sou *Prahlāda*, das coisas contáveis
eu sou tempo, das bestas eu sou o leão, e entre pássa-
ros sou *Garuḍa*. 31 Dos purificadores eu sou o vento,
dos guerreiros eu sou *Rāma*, de monstros marinhos
eu sou o *makara*, e entre rios eu sou o Ganges, co-
nhecido como *Jhannavī*. 32 Das criações eu sou o co-
meço, fim e meio também, ó *Arjuna*. De todos os ti-
pos de conhecimento, eu sou o conhecimento do *eu*
e entre os teóricos sou a lógica. 33 De letras eu sou a
letra “a”, e dos compostos nominais sou o composto
chamado *dvandva*; só eu sou o tempo eterno e sou

o criador, que está voltado para todas as direções.
34 Eu sou a morte, que arrebata tudo e a origem das
coisas que ainda estão para acontecer; entre as mu-
lheres sou fama, fortuna, eloquência, memória, sa-
bedoria, perseverança e paciência. 35 Dos cantos vé-
dicos eu sou o *Bṛhatsāman*, dos metros sou a *gāyatrī*,
dos meses eu sou *mārgaśīrṣa*[11], e entre as estações,
a primavera florida. 36 Dos meios de trapacear sou a
jogatina, e eu sou o esplendor do esplêndido; eu sou
a vitória, sou o espírito de aventura e sou a coragem
dos corajosos. 37 Dos *Vṛṣṇi* sou *Vāsudeva*, dos filhos
de *Pāṇḍu* sou *Dhanaṁjaya*; além disso, dos eremitas
contemplativos eu sou *Vyāsa*, e dos sábios eu sou o
sábio *Uśanas*. 38 Dos governantes eu sou a vara do
castigo, dos que desejam a vitória, sou a arte de go-
vernar; das coisas secretas, sou o silêncio e sou o co-
nhecimento dos sábios. 39 Ó *Arjuna*, a semente de
todos os seres sou também eu; de fato, nada que se
move ou não se move existe sem mim. 40 Ó *Paraṁ-
tapa*, não há fim para minhas manifestações divinas;
descrevi a extensão da minha plenitude apenas atra-
vés de exemplos. 41 Qualquer que seja a criação que
manifeste um esplendor celestial, tu deves entender
que ela se origina de meu esplendor. 42 Mas qual é a
utilidade para ti desta extensa descrição? Eu sustento
todo este mundo com apenas um fragmento meu!

---

11. Nov.-dez.

11

A REVELAÇÃO CÓSMICA

O pedido de *Arjuna*

[1] *Arjuna* disse: Tu revelaste para o meu benefício esse segredo supremo, a natureza do *eu*; depois de ouvir tuas palavras, minha ilusão foi dissipada. [2] Ó *Kṛṣṇa* de olhos de pétalas de lótus, ouvi de ti com detalhes o surgimento e a dissolução de todas as criaturas e de tua própria grandeza eterna. [3] Agora eu desejo ver tua forma celestial, assim como tu descreveste a ti mesmo, ó Senhor Supremo, ó Pessoa Suprema. [4] Ó Senhor, se tu achas que eu posso suportar esta visão, revela teu eu eterno para mim, ó mestre do poder místico. [5] O bem-aventurado Senhor disse: "Vê minhas formas, em centenas e milhares, variedade infinita, divina e repleta de cores e formas. [6] Ó *Bhārata*, contempla os *āditya*, *vasu*, *rudra*, os dois *Aśvin*, os *marut* e contempla muitas formas maravilhosas nunca vistas antes! [7] Agora, observa em meu corpo

todo o universo, junto com seus seres móveis e imóveis, tudo em um lugar, e tudo o que tu desejas ver.
8 Mas tu não podes me ver com teus próprios olhos; eu, portanto, concedo-te uma visão divina. Eis meu majestoso esplendor!

A revelação

9 *Saṁjaya* disse[12]: Ó rei, após falar assim, o grande
mestre dos místicos *Hari* revelou a *Pārtha* sua for-
ma majestosa e sublime. 10 De incontáveis bocas e
olhos, de incontáveis revelações maravilhosas, de
incontáveis ornamentos divinos, de incontáveis ar-
mas divinas prontas para a batalha. 11 Vestido com
guirlandas e vestes celestiais, ungido com perfumes
divinos, Deus cujo ser inteiro é maravilhoso, infini-
to e voltado para todas as direções. 12 Se mil sóis se
levantassem de uma só vez no céu, o esplendor deles
teria se assemelhado ao brilho daquela grande for-
ma. 13 Naquele momento, o filho de *Pāṇḍu* viu todo
o universo com sua diversidade e variedade unidas
no corpo do Deus dos deuses. 14 Então, arrebatado
pelo espanto e com os cabelos arrepiados, *Dhanaṁ-
jaya* inclinou a cabeça sobre as mãos postas diante da
Pessoa Suprema e falou: 15 *Arjuna* disse: Ó Senhor,
eu vejo todos os deuses em teu corpo, e uma varie-
dade de criaturas reunidas, o soberano deus *Brahmā*

12. Dirigindo-se a *Dhṛtarāṣṭra*.

sentado em seu assento de lótus, todos os videntes, bem como as serpentes divinas. [16] Vejo-te em toda parte em uma forma infinita com braços, barrigas, bocas e olhos ilimitados; não vejo em ti fim algum, nem meio e nem começo, ó Senhor de todos, cuja forma é o mundo inteiro. [17] Por mais difícil que seja contemplar-te, vejo-te claramente adornado com um diadema, armado com uma clava e um disco, e espalhando nuvens de esplendor por todos os lados; teu sol ardente como radiância cor de fogo é incomensurável! [18] Tu és o supremo objeto eterno do conhecimento; tu és o alicerce último de tudo, e tu és o protetor eterno do *dharma* eterno. De fato, eu considero que tu és a pessoa eterna. [19] Sem princípio, meio ou fim, de poder infinito, de braços ilimitados, o sol e a lua são os teus olhos, assim te contemplo, cuja boca resplandece como fogo de sacrifício; com teu esplendor, tu queimas o mundo inteiro. [20] Tu por ti mesmo preenches o espaço entre o céu e a terra e permeia todas as direções; ó grande, os três mundos tremem ao ver esta tua forma terrível e maravilhosa. [21] As hostes dos deuses entram em ti, alguns aterrorizados, louvando-te com as mãos postas; as multidões de grandes videntes e seres aperfeiçoados te glorificam com cânticos védicos, bradando, "Salve!" [22] Os *rudra*, os *āditya*, os *vasu* e os *sādhya*, os *viśvadeva*, os dois *Aśvin*, os *marut* e os ancestrais, as multidões de *gandharva*, *yakṣa*, *asura* e os seres aperfeiçoados, todos os contemplam com espanto.

23 Ó pessoa de braços poderosos, à vista de vossa
grande forma, de muitas bocas e olhos, de muitos
braços, coxas e pés, de muitas barrigas e de mui-
tas presas terríveis, os mundos tremem, e eu tam-
bém. 24 Ó *Viṣṇu*, vendo-te tocar o céu, flamejando
com muitas cores, tua boca enorme escancarada e
teus olhos enormes brilhando, todo o meu ser tre-
me; não consigo encontrar firmeza nem paz mental.
25 Observando tuas bocas de muitos dentes terríveis
como o fogo da destruição que causa o fim do mun-
do, eu perco a direção e não encontro refúgio. Ó Se-
nhor dos deuses! Ó refúgio dos mundos, tem miseri-
córdia! 26-27 Os filhos de *Dhṛtarāṣtra*, acompanhados
por exércitos de reis, soberanos da terra, e *Bhīṣma*,
Droṇa, *Karṇa* com nossos principais guerreiros,
correm para dentro de tuas bocas cheias de dentes
terríveis. Alguns são vistos entre os dentes, com suas
cabeças esmagadas. 28 Da mesma forma que mui-
tos rios fluem em fúria para o oceano, também os
heróis do mundo entram em tuas bocas ardentes.
29 Da mesma forma com que as mariposas se apres-
sam rumo à destruição no fogo ardente, similarmen-
te estas pessoas apressam-se rumo a tuas bocas para
encontrar a ruína. 30 Ó *Viṣṇu*! Tu ferozmente lambes
teus lábios por todos os lados, engolindo todos os
mundos em tuas bocas flamejantes! Teu resplendor
ardente queima o mundo inteiro, cheio da tua gló-
ria! 31 Quem és tu com essa forma terrível? Revela
para mim, eu suplico! Eu caio a teus pés e imploro

por tua misericórdia, ó melhor dos deuses. Ó primordial entre os seres, eu desejo entender Vossa Excelência, visto que teu propósito não é claro para mim.
[32] O bem-aventurado Senhor disse: "Eu sou o tempo, o grande destruidor dos mundos, e vim aniquilar todos os que estão reunidos aqui; mesmo sem ti, esses guerreiros agrupados em posições opostas não sobreviverão.
[33] Portanto, levanta-te e aceita a glória! Com teus inimigos conquistados, tu desfrutarás do reino próspero. Por mim apenas eles já estão mortos; portanto, sê apenas um instrumento em minhas mãos, ó *Savyasācin*.
[34] *Droṇa*, *Bhīṣma*, *Jayadratha*, *Karṇa* e outros heróis já foram destruídos por mim. Luta! Destrói a todos sem hesitar! Tu conquistarás teus inimigos nesta batalha.

A fala de *Arjuna*

[35] *Saṁjaya* disse: após ouvir as palavras de *Keśava*, assustado e trêmulo, oferecendo reverências a *Kṛṣṇa* repetidamente com as mãos postas, *Arjuna* falou em estado de tumulto mental.
[36] *Arjuna* disse: é perfeitamente apropriado, ó *Hṛṣīkeśa*, que o mundo se alegre e se deleite em teu louvor, que os demônios fujam em todas as direções, e que todas as multidões de seres perfeitos se curvem diante de ti.
[37] Ó grande alma, por que não deveriam se curvar diante de ti? Tu és o criador primordial e mais importante até mesmo que *Brahmā*! Tu és infinito! Senhor

dos deuses, refúgio do universo! Tu és eterno, aquilo que existe, aquilo que não existe e aquilo que está além de ambos! [38] Tu és o Deus original, a pessoa primordial; para o mundo todo tu és o supremo local de descanso. Tu és o conhecedor, o conhecido e a morada suprema. Tu, cuja forma não tem limites, permeias o mundo inteiro. [39] Tu és *Vāyu*, o deus do vento; *Yama*, o deus da morte; *Agni*, o deus do fogo; *Varuṇa*, o deus dos oceanos; o deus da Lua; *Brahmā*; o senhor das criaturas; o avô primordial. Eu caio a teus pés repetidamente, mil vezes e mais uma vez! [40] Minha homenagem de frente! Minha homenagem de trás! Eu ofereço minha homenagem a ti de todas as direções! Tu és de vigor ilimitado e poder infinito! Tu permeias tudo e assim tu és tudo! [41] De forma descuidada pensei que tu eras meu camarada, eu te chamei de "ó, *Kṛṣṇa*, ó *Yādava*, ó meu amigo" sem conhecer tua grandeza. Eu fiz isso por distração, ou talvez por puro carinho. [42] Às vezes, brinquei, às vezes, eu te tratei com desrespeito, às vezes, nós nos divertimos juntos, deitamo-nos na mesma cama, sentamo-nos juntos ou jantamos juntos; e não apenas em particular, ó *Kṛṣṇa*, mas também com os outros. Ó Imensurável, peço-te perdão! [43] Tu és o pai universal tanto do móvel como do imóvel; tu és um guru muito venerável, inigualável e adorado por todos. Como alguém poderia superar-te, ó Senhor de poder imensurável! [44] Portanto, prostrando-me a teus pés, presto reverência e imploro tua misericórdia.

Ó venerável Senhor, perdoa-me como um pai perdoa o filho, como um amigo desculpa seu amigo, ou como um amante perdoa sua amada. Ó Deus, tem paciência para comigo! [45] Após ter visto aquilo que nunca foi visto, estou emocionado, mas meu coração treme de medo; por favor, revela-me novamente a forma que eu conheci, ó Senhor dos deuses, repouso do mundo. [46] Eu imploro para vê-lo novamente, como antes, coroado com um diadema, armado com a maça e o disco na mão; eu suplico que tu assumas mais uma vez tua forma de quatro mãos, ó Senhor de mil braços, ó encarnação de tudo.

Conclusão: A Pessoa Suprema pode ser vista como Ela é e ser alcançada apenas pela devoção

[47] O bem-aventurado Senhor disse: Por minha misericórdia para contigo, *Arjuna*, e por meu próprio poder misterioso, manifestei esta forma suprema. Essa minha forma panteísta, de esplendor, ilimitada e primordial, nunca foi revelada a outra pessoa a não ser a ti mesmo. [48] Não é pela realização de sacrifícios védicos ou canto de hinos, atos de doação, rituais cerimoniais ou asceses impressionantes, que alguém, além de ti, entre os humanos, pode me ver em tal forma, ó herói *Kuru*. [49] Não te perturbes ou fiques confuso ao ver esta minha forma terrível. Alegra-te novamente, não te preocupes e vê novamente a mi-

nha forma que tu conheceste. 50 *Saṁjaya* disse: ten-
do assim falado com *Arjuna*, *Vāsudeva* revelou no-
vamente sua própria forma conhecida por *Arjuna*;
voltando à sua gentil aparência, aquela grande alma
acalmou o assustado *Arjuna*. 51 *Arjuna* disse: vendo
sua bela e benevolente forma humana, ó *Janārdana*,
estou agora calmo e minha mente se recuperou.
52 O bem-aventurado Senhor disse: é realmente difí-
cil ver a forma que tu viste; na verdade, até mesmo
os deuses estão ansiosos para obter uma visão dela.
53 Não é pelo estudo dos *Veda*, nem por ascese, nem
por doação, nem por sacrifício, que posso ser visto
da maneira como tu me viste. 54 Somente pela de-
voção exclusiva, ó *Arjuna*, eu posso ser conhecido e
visto como eu sou na verdade, e assim ser alcançado.
55 Aquele que age em meu interesse, que me aceita
como o Supremo, que é dedicado a mim, que aban-
donou tanto o apego como a inimizade para com
todas as criaturas, virá a mim, ó *Pāṇḍava*.

12

FASES DA DEVOÇÃO

Qual é melhor: a adoração à Pessoa Suprema ou a adoração ao *Brahman*?

[1] *Arjuna* disse: Há aqueles que te adoram, dedicados a ti e constantemente absortos em ti, enquanto há outros que adoram o *Brahman* eterno e invisível; quem entre eles é o mais avançado em *yoga*? [2] O bem-aventurado Senhor disse: Aqueles cuja mente está fixa em mim, que estão constantemente absortos em mim, e me adoram com fé profunda, eu os considero os mais avançados em *yoga*. [3]-[4] Mas aqueles que adoram o eterno, o inexplicável, o invisível, o onipresente e inconcebível, o estável, fixo e firme – aqueles, após subjugar os vários sentidos, alcançaram completa equanimidade e estão voltados para o bem-estar de todos –, eles realmente me alcançam. [5] As dores sentidas por aqueles cuja mente é absorta no invisível são

maiores, pois o objetivo invisível é realmente difícil de ser alcançado para aqueles que habitam em um corpo. [6-7] Por outro lado, aqueles que me consideram o Supremo e oferecem todas as suas atividades para mim, que meditam em mim e me adoram através de *yoga* sem distrações, para eles eu sou o salvador do oceano do *saṁsāra* e da morte. Ó *Pārtha*, eu me apresento para eles sem demora, pois eles me deram seu coração.

A escada ética da devoção

[8] Fixa tua mente somente em mim e absorve tua consciência em mim; assim tu certamente habitarás em mim. [9] Se tu não puderes fixar tua consciência firmemente em mim, então aspira a alcançar-me através da prática repetida do *yoga*, ó *Dhanaṁjaya*. [10] Se és incapaz mesmo disso, abraça o caminho da ação, para o qual eu sou o objetivo mais elevado, já que, agindo por mim, tu alcançarás a perfeição. [11] Mas se tu és incapaz de seguir este caminho do refúgio em mim através de atos dedicados a mim, então desiste dos frutos de todas as tuas ações, dessa forma, restringindo a ti mesmo. [12] O conhecimento é superior à prática, a meditação é superior ao conhecimento e a renúncia aos frutos das ações é superior à meditação, já que a tranquilidade vem logo em seguida após tal renúncia.

O devoto que é querido pela Pessoa Suprema

13-14 Aquele que não odeia ser vivo algum, é amá-
vel e compassivo, é desprovido de possessividade e
egoísmo, equânime na aflição ou felicidade, tole-
rante para com os outros, um *yogin* que está sem-
pre contente, autocontrolado e firme, cuja mente e
consciência está absorta em mim e é meu devoto,
é querido por mim. 15 Aquele que não perturba al-
guém sequer, nem é perturbado por alguém, que
está livre de alegria, impaciência, medo e angústia,
é querido por mim. 16 Aquele que não depende de
nada, é puro, eficiente, neutro, livre de sofrimento e
ansiedade, que abandonou a ambição pessoal e é um
devoto meu, é querido por mim. 17 Aquele que não
se regozija nem se enoja, nem lamenta nem anseia,
renunciando tanto ao promissor como ao não pro-
missor, e se enche de devoção, é querido por mim.
18-19 Aquele que é equânime em relação ao amigo
ou inimigo, e enfrenta da mesma forma honra ou
desonra, frio ou calor, felicidade ou aflição, livre de
apego, para quem insultos ou aplausos são a mesma
coisa, satisfeito em qualquer circunstância, sem lar,
de uma mente firme e cheia de devoção, essa pes-
soa é querida para mim. 20 Aqueles que se dedicam
a mim, que se consagram a este caminho eterno do
dharma assim descrito, fiel e que me aceita como o
Supremo, são muito, muito queridos por mim.

13

A VISÃO DO SUPREMO NO CORAÇÃO

As seis perguntas, o campo e o conhecedor do campo

0 *Arjuna* disse: Ó *Keśava*, eu gostaria de saber sobre a
natureza material[13], o ser vivo consciente[14], o campo
e o conhecedor do campo, o conhecimento e o obje-
to do conhecimento[15]. 1 O bem-aventurado Senhor
disse: Este corpo é conhecido como o campo, ó
Kaunteya, e aquele que o conhece é declarado pelos
sábios como o conhecedor do campo. 2 Tu deves me
conhecer como o conhecedor do campo também,
situado em todos os campos, ó *Bhārata*. Eu conside-
ro que o conhecimento do campo e do conhecedor
do campo seja realmente conhecimento. 3 Ouve-me

---

13. *Prakṛti*.

14. *Puruṣa*.

15. A primeira estrofe não está presente em algumas edições da *BG* e usei o texto de Zaehner como referência, marcando a ausência como 0.

em resumo o que é este campo e sua natureza, como ele se transforma e surge, quem é o conhecedor do campo e quais são seus poderes. [4] Os videntes cantaram isso em muitos hinos védicos de várias maneiras, bem como nos aforismos do *Brahmasūtra*, todos eles de fontes confiáveis e bem embasados. [5-6] Os grandes elementos, o conceito de ego, a inteligência e o invisível, os dez sentidos e o sentido adicional, os cinco objetos dos sentidos, atração e repulsão, felicidade e angústia, o agregado, consciência e convicção interior – todos servem para resumir a natureza do campo e suas transformações.

Conhecimento

[7] Ausência de orgulho e arrogância, não violência, tolerância, honestidade, serviço ao guru, pureza, firmeza, autocontrole, [8] ausência de atração pelos objetos dos sentidos, ausência de noção do ego, visão do sofrimento e do mal do nascimento, morte, velhice e doença, [9] desapego, distanciamento dos filhos, esposa, lar e afins, constante equanimidade em relação aos eventos desejados e indesejados, [10] devoção sincera a mim apoiada pelo *yoga*, preferir lugares solitários e evitar as multidões, [11] contemplação constante do conhecimento do *eu*, imaginar o propósito do conhecimento preocupado com a verdade – tudo isso é declarado como conhecimento, enquanto tudo o mais é ignorância.

O objeto do conhecimento

12 Falarei agora sobre o objeto de conhecimento, conhecendo o qual tu deves alcançar o eterno. Este é o *Brahman* sem começo e está subordinado a mim[16], diz-se que ele não tem existência nem inexistência. 13 Em toda parte estão suas mãos e pernas, seus olhos, cabeças e rostos, e da mesma forma, suas orelhas, que existem em toda parte no mundo; portanto, ele é abrangente e consciente de tudo[17]. 14 Embora desprovido de características perceptíveis, ele parece possuí-las. Embora ele mantenha tudo, é desapegado de qualquer coisa; ele está liberto dos *guṇa*, mas, mesmo assim, experimenta os *guṇa*. 15 Ele existe dentro e fora de todas as criaturas, está imóvel e em movimento, sua sutileza o torna difícil de ser compreendido; ele é ao mesmo tempo remoto e próximo. 16 Embora pareça estar dividido entre todos os seres, na verdade ele é indiviso; ele deve ser conhecido como o mantenedor, devorador e criador de todas as criaturas. 17 Dizem que ele é a luz das luzes situada além da escuridão, ele é o conhecimento, o objeto do conhecimento e a meta do conhecimento; ele habita no coração de todos. 18 Assim, o campo,

16. Śaṅkara segmenta o trecho como *anādimat param*, que é traduzido como "*Brahman* sem começo", ao passo que Rāmānuja segmenta como *anādi matparam*, traduzido como "sem começo e tendo-me como o mais elevado". Optei pela segunda possibilidade de segmentação. Cf. *The Bhagavad Gītā with the Commentary of Ādi Śaṅkarācārya*. Chennai, 1995, p. 344. Cf. tb. *Śrī Rāmānuja Gītā Bhāṣya*. Madras, 1991, p. 437-439.

17. O gênero masculino é aplicado até o final da seção para enfatizar o *Paramātman* como objeto, embora o texto use o gênero neutro.

o conhecimento e o objeto do conhecimento foram descritos brevemente; sabendo disso, meu devoto alcança minha natureza.

A natureza, o ser vivo e a Pessoa Suprema no coração

[19] Fica sabendo que a natureza material e o ser vivo consciente são ambos sem começo; fica sabendo também que as transformações, assim como os *guṇa*, originam-se da natureza material. [20] É dito que a natureza material é a causa no que diz respeito às causas de produção e efeitos, e que o ser vivo é a causa no que diz respeito a sentir prazer e dor. [21] O ser vivo situado na natureza material experimenta os *guṇa,* que são produtos da natureza material. Enquanto seu contato com os *guṇa* é a causa do nascimento em um ventre bom ou ruim. [22] Diz-se que a Pessoa Suprema conhecida como *Paramātman* existe neste corpo; ele é a testemunha observadora e o consentidor, ele é o sustentador, ele percebe tudo e é o grande Senhor. [23] Aquele que assim conhece o ser vivo, a natureza material e os *guṇa*, não importa qual seja o seu modo de existência, não voltará a nascer.

Conclusão e descrição de várias visões

[24] Alguns veem o *eu* por si mesmos através da meditação e da contemplação interior, outros através do *sāṅkhya-yoga*, enquanto outros através do *karma-*

-*yoga*. 25 Ainda outros, apesar de não saberem tudo isso, reverenciam por ouvir de outras pessoas. Dedicados ao que ouviram, eles também fazem a travessia além da morte. 26 Ó touro entre os *Bhārata*, fica sabendo que cada ser vivo, seja inerte ou móvel, é apenas uma combinação do campo e do conhecedor do campo. 27 Aquele que vê o Senhor Supremo, que está igualmente situado em todos os seres, que não é aniquilado quando estes são, verdadeiramente vê. 28 Aquele que vê o Senhor como situado igualmente em todos os lugares não é degradado por sua mente e, portanto, vai para o destino supremo[18]. 29 Aquele que vê que todas as atividades são realizadas somente pela natureza, e que o *eu* não age de forma alguma, realmente vê. 30 Quando alguém vê os vários estados de existência dos seres como situados na unidade, e que a partir dessa unidade tudo se expande, ele então alcança o *Brahman*. 31 O *Paramātman* eterno, a Pessoa Suprema que reside no coração, apesar de residir no corpo, nada faz e nunca é maculado, por ser sem princípio e além dos *guṇa*. 32 Como o éter se espalha por toda parte sem ser contaminado por causa de sua sutileza, similarmente, o *eu* que habita em cada corpo nunca é maculado. 33 Como o sol sozinho ilumina todo o universo, similarmente o dono

18. A frase *ātmanātmānam* pode ser entendida de maneiras diferentes, pois a palavra "*ātman*" pode ser entendida como "eu" no sentido de "alma", ou "mente", e eu combinei as duas. Embora a palavra *hinasti* seja geralmente traduzida como "prejudica", "fere" ou "dói", entendi que a tradução "degrada" seja mais apropriada aqui.

do campo ilumina todo o campo (com consciência), ó *Bhārata*. 34 Aqueles que, com o olho do conhecimento, podem distinguir entre o campo e o conhecedor do campo, e entender o processo de libertação dos seres vivos da natureza, irão para o Supremo.

14

OS TRÊS GUṆA

A Pessoa Suprema, o *Brahman*, a natureza e os *guṇa*

[1] O bem-aventurado Senhor disse: Mais uma vez, eu te darei a mais elevada de toda a sabedoria, o melhor do conhecimento, que, depois de alcançado, todos os videntes atingiram a suprema perfeição. [2] Aqueles que recorrem a esse conhecimento atingem uma natureza semelhante à minha; portanto, eles não nascem no momento da criação cósmica e não são perturbados no momento da dissolução cósmica. [3] O grande *Brahman* me serve como um ventre no qual planto a semente e, assim, ó *Bhārata*, todos os seres vivos são gerados. [4] As várias formas dos seres vivos são produzidas em vários ventres; em última análise, *Brahman*, que é a natureza material[19], é o

19. Optei pelo comentário de Rāmānuja ao igualar *Brahman* com *prakṛti* ou a natureza material. Cf. o comentário à *BG* 14.3 em: *Śrī Rāmānuja Gītā Bhāṣya*. Madras, 1991, p. 462-463.

grande ventre e eu sou o pai que dá as sementes.
[5] A bondade, a paixão e a escuridão são os três *guṇa*
originados da natureza material; eles aprisionam o
ser vivo eterno encarnado, ó poderoso *Arjuna* de
braços poderosos. [6] Entre eles a bondade, porque é
imaculada, ilumina e purifica, e ata a pessoa através
do apego à felicidade e ao conhecimento, ó impecá-
vel *Arjuna*. [7] Saiba que a paixão é caracterizada pelo
desejo; ela surge do desejo e do apego, e liga a alma
encarnada através do apego à ação, ó *Kaunteya*. [8] Sai-
ba que a escuridão nasce da ignorância e que ilude
todas as almas encarnadas. Ó *Bhārata*, ela prende
pela negligência, indolência e sono. [9] A bondade faz
com que o indivíduo se apegue à felicidade, a paixão
faz com que o indivíduo se apegue à atividade, ó
Bhārata, enquanto a escuridão, que oculta o conhe-
cimento, causa apego à negligência e à loucura.

As características dos *guṇa* e como transcendê-los completamente

[10] A bondade prevalece quando ela supera a paixão e
a escuridão, ó *Bhārata*. Da mesma forma, a paixão
prevalece quando vence a bondade e a escuridão, e
a escuridão quando supera a bondade e a paixão.
[11] Quando todos os portões do corpo estão ilumi-
nados pelo conhecimento, é de se saber que a influ-
ência da bondade aumentou e prevalece. [12] Ó touro
entre os *Bhārata*, quando a paixão prevalece, sur-

gem ganância, atividade vigorosa, aventura, inquietação e anseio. [13] Ó descendente de *Kuru*, quando a escuridão prevalece, surgem obscuridade, inércia, insanidade e confusão. [14] Quando a alma encarnada encontra a morte influenciada pela bondade, alcança os mundos puros daqueles que possuem o mais elevado conhecimento. [15] Quando ela encontra a morte sob a influência da paixão, ela renasce entre aqueles ligados à atividade, e quando ela encontra a morte sob a influência da escuridão, ela renasce entre os animais ignorantes. [16] Diz-se que uma ação bem executada resulta em um fruto imaculado da natureza da bondade, mas a ação passional traz sofrimento, e a ação da natureza das trevas traz consigo ignorância e tolice. [17] Da bondade surge o conhecimento, da paixão surge apenas a ganância, e da escuridão só surgem negligência, ilusão e ignorância. [18] Os que estão estabelecidos na bondade se elevam, os estabelecidos na paixão permanecem no estado intermediário, e os que estão estabelecidos na mais baixa condição de *guṇa*, na escuridão, descem. [19] Quando o sábio não vê nenhum outro agente que realiza ações exceto os *guṇa*, e sabe o que está acima dos *guṇa*, ele alcança meu estado de ser. [20] Quando a alma encarnada transcende esses três *guṇa* que se originam no corpo, ela se liberta do nascimento, da morte, da velhice e do sofrimento, e alcança o néctar da imortalidade.

Características de quem transcendeu os *guṇa*, *bhakti* e a posição da Pessoa Suprema

21 *Arjuna* disse: Ó Senhor, por quais sinais alguém
sabe que transcendeu estes três *guṇa*? Como tal
pessoa age e como ela os transpõe? 22 O bem-aven-
turado Senhor disse: Ele não despreza a presença da
iluminação, atividade e ilusão, nem anseia por elas
em sua ausência, ó *Pāṇḍava*. 23 Ele está assentado
como se não estivesse envolvido, que não está pertur-
bado pelos *guṇa*, considerando que apenas os *guṇa*
estão agindo, e assim permanece firme e inabalável.
24 Situado no *eu*, ele contempla a felicidade e angús-
tia, circunspecto, em relação a barro, pedra e ouro,
para ele, o agradável e desagradável são os mesmos,
firme e equânime para com o louvor e o insulto.
25 Por considerar honra e desonra com equanimida-
de, e, similarmente, ser o mesmo para com os ami-
gos e inimigos, renunciar a toda iniciativa ambiciosa,
diz-se que ele transcendeu os *guṇa*. 26 E aquele que
me serve constantemente através do *yoga* da devoção
(*bhakti*), inabalável e sem se desviar, transcende esses
guṇa e alcança o estado de *Brahman*. 27 Pois eu sou a
base subjacente do *Brahman*, o imortal, o eterno, o
dharma eterno e a felicidade absoluta.

15

A JORNADA DO APRISIONAMENTO À LIBERTAÇÃO

A parábola da árvore invertida

1 O bem-aventurado Senhor disse: Dizem que existe
uma árvore eterna chamada *aśvattha*, cujas raízes es-
tão voltadas para cima e seus ramos estão para baixo;
suas folhas são os hinos védicos e seu conhecedor é o
conhecedor dos *Veda*. 2 Os galhos da árvore, que têm
os objetos dos sentidos como seus brotos, estendem-
-se para cima e para baixo e são nutridos pelos *guṇa*;
as raízes da árvore que se estendem para baixo tam-
bém estão ligadas às atividades no mundo humano.
3-4 Neste mundo não se pode perceber a forma da
árvore, nem seu fim, nem sua origem nem sua base
de sustento; assim, esta árvore *aśvattha* profunda-
mente enraizada deve ser cortada com determinação
pelo machado do desapego. Então, deve-se procurar
aquele lugar, o qual, depois de alcançado, o indiví-

duo nunca mais volta, e ali refugiar-se na Pessoa Primordial, de quem emanou a atividade cósmica desde tempos imemoriais. [5] Aqueles que estão livres de orgulho e ilusão, que conquistaram o apego, o qual é uma falha, e estão constantemente absortos no *Eu Supremo*, cujas concupiscências diminuíram, que estão libertos da dualidade conhecida como felicidade e angústia, que não estão confusos, eles vão para esse lugar eterno. [6] Esse lugar não é iluminado pelo sol nem pela lua nem pelo fogo; após alcançá-lo, ninguém retorna. Essa é a minha morada suprema.

A alma coberta pelos sentidos

[7] A alma eterna existente neste mundo de almas é de fato um fragmento meu; atrai para si os seis sentidos, incluindo a mente, que estão todos enraizados na natureza material. [8] Ao aceitar ou abandonar um corpo, a alma predominante leva consigo os seis sentidos, assim como o ar carrega fragrâncias de suas fontes. [9] Através da audição, visão, tato, paladar e olfato, bem como da mente, ela experimenta os objetos dos sentidos. [10] Às vezes, ela permanece dentro do corpo, às vezes, afasta-se dele e em outras vezes sente prazer sob o encanto dos *guṇa*; os iludidos não podem ver tudo isso, exceto aqueles que possuem a visão do conhecimento. [11] Os *yogin* que se esforçam veem isto como situados no *eu*; no entanto, os insensatos que não alcançaram a autorrealização não verão isso, ainda que se esforcem.

[12] O esplendor do sol ilumina todo o universo e parece estar também na lua e no fogo; fica sabendo que esse esplendor é meu. [13] Permeando a terra, eu mantenho os seres pelo meu poder, e me tornando *Soma*[20], cuja essência é repleta de gosto, e eu nutro todas as plantas. [14] Por me tornar o fogo da digestão que habita nos corpos de todos os seres vivos, digiro os quatro tipos de alimento com a ajuda dos ares que entram e saem. [15] Eu moro no coração de todos; de mim vem a memória, o conhecimento e o raciocínio. De todos os *Veda*, eu sou o único que deve ser conhecido; eu também sou seu conhecedor e, na verdade, sou eu quem compilou o *Vedānta*. [16] Há dois tipos de identidades pessoais neste mundo: o perecível e o imperecível; todos os seres são perecíveis, ao passo que aquele que é estável e firme é considerado imperecível[21]. [17] Mas há outra pessoa, que é a mais elevada de todas, e é chamada O Ser Supremo (*Paramātman*), que é o Senhor eterno onipresente nos três mundos e que os mantém. [18] Porque eu estou além do perecível e transcendo até mesmo o imperecível, eu sou famoso no mundo,

---

20. *Soma* refere-se a uma bebida celestial e à lua.

21. Eu entendi esta estrofe segundo a interpretação de Rāmānuja; consequentemente, as almas encarnadas condicionadas pela matéria e que transmigram de um corpo a outro são as perecíveis. Inversamente, as imperecíveis são as almas desencarnadas que alcançaram a libertação e, como tais, se libertaram do aprisionamento na matéria. Cf. RĀMĀNUJA. *Śrī Rāmānuja Gītā Bhāṣya*. Madras, 1991, p. 499.

assim como nos *Veda*, como a Pessoa Suprema.
19 Quem não se deixa enganar e me conhece como a
Pessoa Suprema sabe tudo o que deve ser conhecido,
e se dedica a mim com todo o seu ser, ó *Bhārata*.
20 Assim, revelei a ti a mais misteriosa doutrina, ó
irrepreensível *Arjuna*; aquele que percebeu isso, concluiu sua tarefa e tornou-se iluminado.

16

O DIVINO E O DEMONÍACO

Os dois tipos de seres

[1] O Bem-aventurado Senhor disse: Destemor, purifi-
cação de todo o ser, firmeza no conhecimento espiri-
tual, generosidade, autocontrole e sacrifício, estudo
dos *Veda*, austeridade, retidão, [2] não violência, vera-
cidade, ausência de raiva, renúncia, tranquilidade,
evitar difamação; compaixão por todos os seres, au-
sência de cobiça, mansidão, modéstia, confiabilida-
de, [3] vigor, tolerância, fortaleza, pureza, ausência de
inveja e orgulho – estes são os traços de personali-
dade de alguém que nasceu com um destino divino,
ó *Bhārata*. [4] Hipocrisia, arrogância, presunção, raiva,
dureza e ignorância – este são os traços de persona-
lidade de quem nasceu com um destino demoníaco,
ó *Pārtha*. [5] Os traços de personalidade divinos levam
à libertação, ao passo que os traços de personalida-
de demoníacos levam à escravidão; não tema, pois

tu nasceste com um destino divino. [6] Neste mundo existem seres criados[22] de dois tipos – o divino e o demoníaco. Como o divino já foi amplamente descrito, ouça de mim agora sobre o demoníaco, ó *Pārtha*.

O mundo dos demônios

[7] As pessoas demoníacas não sabem quando agir e quando evitar agir; nem pureza, nem conduta adequada nem verdade são encontradas nelas. [8] Elas afirmam que este mundo é irreal, carecendo de um fundamento sólido, que não é controlado pelo Supremo, e que se origina não da sucessão causal, mas sim que somente o desejo incontrolável é sua causa. [9] Mantendo tal visão, estas almas perdidas de pouca inteligência, inimigas de todos, iniciam atos horríveis com o objetivo de destruir o mundo. [10] Recorrendo ao desejo incontrolável insaciável, cheias de hipocrisia, orgulho e inebriamento e aceitando falsas ideias por ilusão, elas prosseguem com seu modo de vida impuro. [11] Sujeitas à ansiedade ilimitada que termina apenas com a morte, elas estão convencidas de que não há nada mais elevado do que a satisfação dos desejos. [12] Estando presas e presos por centenas de esperanças, absortas em desejo e raiva, elas buscam acumular riquezas por meios impróprios para se entregarem às suas concupiscências. [13] "Isso

22. Literalmente, criações de seres.

eu acumulei hoje, e esse desejo vou satisfazer mais tarde. Essa riqueza já é minha, enquanto essa outra riqueza se tornará minha. [14] Eu matei esse inimigo e os outros serão igualmente mortos; eu sou o senhor, eu sou o desfrutador, sou perfeito, poderoso e feliz! [15] Sou rico e de família rica e aristocrata; quem mais se iguala a mim? Sacrificarei, farei doações e regozijar-me-ei". Esta é a mentalidade e a visão daqueles a quem a ignorância confunde. [16] Levadas ao erro por uma multidão de pensamentos, capturadas na rede da ilusão e viciadas em desfrutar de desejos incontroláveis, essas pessoas caem no inferno abominável. [17] Centradas em si mesmas e teimosas, arrogantes e inebriadas pela riqueza, hipocritamente oferecem sacrifícios apenas de nome, sem seguir as injunções das escrituras.

As relações da Pessoa Suprema com os demônios

[18] Influenciados pelo egoísmo, agressividade, insolência, desejo incontrolável e raiva, essas pessoas invejosas me odeiam, que estou presente em seus próprios corpos, assim como nos corpos dos outros. [19] Eu incessantemente lanço essas pessoas odiosas, cruéis, infelizes e agourentas em ventres demoníacos, mais profundamente no ciclo de nascimento e morte. [20] Ao entrar no ventre demoníaco, nascimento após nascimento, essas pessoas iludidas não me al-

cançam, *Kaunteya*, daí elas procedem rumo ao pior destino. 21 O desejo incontrolável, a ira e a ganância são as três portas do inferno e os destruidores do *eu*; eles devem, portanto, ser abandonados. 22 Ó *Kaunteya*, aquele que está liberto destas três portas para a escuridão age em benefício do *eu*, e assim segue para o destino mais elevado. 23 Aquele que ignora as injunções escriturais e segue seus próprios caprichos concupiscentes não alcança a perfeição, nem a felicidade, nem o destino supremo. 24 Portanto, deixa o *śāstra*[23] guiar-te no discernimento entre o que deve ser feito e o que não deve ser feito; por conheceres o que as escrituras recomendam, deves aderir ao teu dever.

23. Escrituras sagradas.

17

A MANIFESTAÇÃO DOS TRÊS GUṆA NA VIDA HUMANA

A natureza essencial do indivíduo é a sua fé

1 *Arjuna* disse: Ó *Kṛṣṇa*, aqueles que deixaram de lado as injunções das escrituras, ainda estão imbuídos de fé e ainda fazem sacrifícios, qual é a situação deles? É de bondade, paixão ou escuridão? 2 O
bem-aventurado Senhor disse: as almas encarnadas têm três tipos de fé originários de sua natureza, e estes são bondade, paixão e escuridão; ouve então
sobre eles. 3 Ó *Bhārata*, a fé do indivíduo é de acordo com a sua natureza essencial, visto que o ser humano é composto de fé; de fato, qualquer que seja sua fé – e é isso o que ele é.

Adoração, alimento e ascese demoníacos

4 Pessoas na bondade adoram os deuses, pessoas na paixão adoram os *yakṣa* e *rākṣasa*[24], ao passo que aqueles que estão na escuridão adoram fantasmas e

24. Tipos de demônios.

espíritos. [5] O coração daqueles que praticam asceses terríveis não ordenadas pelas escrituras estão cheios de hipocrisia e egoísmo, pois são motivados por desejo incontrolável e apego. [6] Esses tolos, que torturam o agregado de elementos em seus corpos, assim como eu mesmo, que habito lá, sabem que eles têm uma determinação demoníaca. [7] Além disso, o alimento de que todos gostam é de três tipos e, da mesma forma, estão divididos o sacrifício, a ascese e a caridade; ouve também sobre esses. [8] Os alimentos preferidos pelas pessoas da bondade aumentam o tempo de vida, a força, a saúde, a felicidade e a satisfação; é saboroso, suave, substancial e agradável ao coração. [9] O alimento desejado pelos homens da paixão é pungente, azedo, salgado, muito quente e seco – queimado e picante, e causa sofrimento, miséria e doença. [10] O alimento desejado pelas pessoas da escuridão é velho, insípido e pútrido, consiste de sobras e abominações.

Sacrifício, ascese e doações

[11] O sacrifício oferecido sem interesse nos frutos, realizado de acordo com as escrituras e com um senso profundo de dever e convicção de que deve ser realizado, é da natureza da bondade. [12] Mas há o sacrifício realizado levando em conta os frutos dele, por hipocrisia e com o propósito de ostentação; fica sabendo que esse sacrifício é da natureza da paixão,

ó melhor dos *Bhārata*. [13] O sacrifício realizado em negligência das injunções escriturais, sem distribuir alimento, sem o canto de mantras ou doações para os brâmanes, e sem fé é dito ser da natureza da escuridão. [14] A adoração aos deuses, aos brâmanes, aos mestres e sábios, bem como pureza, honestidade, celibato e não violência, são considerados asceses do corpo. [15] As palavras que não perturbam os outros e que são verdadeiras, agradáveis e benéficas, assim como a constante recitação das escrituras, são consideradas asceses da fala. [16] A paz de espírito, a gentileza, o silêncio, o autocontrole e a purificação da existência são considerados asceses da mente. [17] Essa ascese tripartida é dita como sendo da natureza da bondade quando realizada com profunda fé por pessoas disciplinadas através do *yoga*, sem esperar frutos em troca. [18] Diz-se que a ascese é da natureza da paixão quando realizada de forma hipócrita para ganhar reverência, honra e distinção; é efêmera e instável. [19] Diz-se que a ascese é da natureza da escuridão quando realizada a partir de noções obscuras e de autotortura, ou com o objetivo de prejudicar os outros. [20] A doação é considerada da natureza da bondade quando é feita a alguém que não realizou um serviço anterior, com um senso de dever e convicção de que deveria ser feita e quando oferecida no lugar apropriado, no momento adequado e para uma pessoa apropriada. [21] Mas quando a doação é feita na expectativa de algum ganho, levando em conta os frutos dela ou oferecida com relutância, é considerada como sendo da natureza da paixão. [22] Essa doação dada na hora e no local errados, a uma pessoa inapropriada, sem prestar respeito e com desprezo, é dita da natureza da escuridão.

Oṁ tat sat

[23] O trinômio *oṁ tat sat* indica o *Brahman*. Ele tem sido usado desde a Antiguidade para ordenar os brâmanes, os *Veda* e os sacrifícios. [24] Portanto, os atos de sacrifício, doação e ascese empreendidos por aqueles que aspiram o *Brahman* são iniciados pelo entoar de *Om* como a tradição ordena. [25] O termo *tat* inicia vários atos de sacrifício, ascese e doação realizados por aqueles com desejo de libertação, que não têm interesse nos frutos desses atos. [26] *Sat* é usado para indicar o "real", assim como o "bom". Assim, a palavra *sat* é usada em toda ação louvável, ó *Pārtha*. [27] Além disso, a firmeza em relação ao sacrifício, ascese e doação é chamada de sat; toda ação com esse objetivo também é chamada de *sat*. [28] Quando realizado sem fé, o oferecimento de oblação, de presente e a prática de ascese são chamados *asat*[25]: eles não têm valor neste mundo, nem no próximo, ó *Pārtha*.

25. Irreal.

18

RESUMO E CONCLUSÃO: REFUGIAR-SE APENAS EM KṚṢṆA

Distinção entre *saṁnyāsa* e renúncia

1 *Arjuna* disse: Ó *Hṛṣīkeśa* de braços poderosos, desejo saber o significado de *saṁnyāsa*, o significado de renúncia (*tyāga*) e a diferença entre ambos[26].
2 O bem-aventurado Senhor disse: O abandono das ações motivadas pelo desejo é conhecido pelos sábios como *saṁnyāsa*, enquanto abandonar os frutos de todas as ações, os videntes declaram ser renúncia.
3 Alguns homens sábios argumentam que todas as ações devem ser abandonadas, pois são inerentemente defeituosas, enquanto outros argumentam que as ações de sacrifício, doação e ascese não devem ser abandonadas. 4 Ó melhor dos *Bhārata*, ouve agora

26. Os termos *saṁnyāsa* e *tyāga* não são apenas similares, mas ambos podem ser traduzidos de várias maneiras. Com base no próprio texto, mantive o termo *saṁnyāsa* sem alteração, tomando-o como a quarta ordem social (*āśrama*) e traduzindo o termo *tyāga* como renúncia.

a minha opinião decisiva em matéria de renúncia; ó *Arjuna*, é dito que a renúncia é de três tipos. [5] Os atos de sacrifício, doação e ascese não devem ser abandonados, mas devem ser feitos, pois sacrifício, doação e ascese purificam até os sábios.

Os tipos variados de renúncia

[6] Minha opinião final, *Pārtha*, é que essas ações devem ser realizadas por dever, abandonando o apego e o interesse em seus frutos. [7] O dever prescrito não deve ser renunciado; quando alguém renuncia ao próprio dever por ilusão, essa renúncia deve ser considerada da natureza da escuridão. [8] Quando se renuncia ao próprio dever por medo de dificuldades corporais, achando-o muito problemático, essa renúncia é considerada como sendo da natureza da paixão e, portanto, o indivíduo não colhe o fruto de sua renúncia. [9] Quando alguém executa seu dever prescrito, abandonando qualquer apego e desejo por qualquer fruto, considerando apenas que ele deve ser feito, sua renúncia é da natureza da bondade, ó *Arjuna*. [10] Aquele cuja renúncia é da natureza da bondade é uma pessoa sábia cujas dúvidas foram destruídas; ele não rejeita a ação indesejada e não está ligado à ação desejada. [11] Uma alma encarnada não é capaz de desistir completamente de agir, mas é dito que aquele que renuncia aos frutos da ação, verdadeiramente, já renunciou. [12] Para aquele que

não renunciou, as ações carregam três tipos de frutos com os quais terá que lidar após a morte: o indesejado, o desejado e o misto. No entanto, para aquele que realmente renunciou, não existem tais frutos.

As cinco causas de uma ação bem-sucedida

13 Ó *Arjuna* de braços poderosos, fica sabendo através de mim as cinco causas descritas no *Sāṅkhya*, para a realização bem-sucedida de todas as ações.
14 Elas são o corpo que consiste na base para a ação, o agente, os vários órgãos de ação, os tipos de esforço e a providência. 15 Qualquer que seja a ação que alguém realiza com o corpo, a fala ou a mente, seja adequada e correta ou imprópria e errada, é causada por esses cinco fatores. 16 Sendo assim, aquele que, devido à compreensão incompleta, se vê como o único agente, é um tolo que na verdade não vê.
17 Aquele que não é condicionado por uma concepção falsa de si mesmo como o realizador da ação, e cuja inteligência não é maculada, mesmo que ele possa matar esses homens, na verdade não mata e não está preso por esta ação.

Três tipos de conhecimento, ações e agentes

18 O conhecimento, o objeto do conhecimento e o conhecedor são os três incentivos que motivam a ação. O instrumento, o ato e o agente são os três componentes da ação. 19 O conhecimento, a ação e o

agente são de fato de três tipos, divididos de acordo com os *guṇa*; ouve agora como esta divisão é descrita através da doutrina dos *guṇa*. [20] Há o conhecimento da natureza da bondade, através do qual se vê uma única realidade imperecível em todos os seres, unificada no diversificado. [21] Há o conhecimento da natureza da paixão, através do qual se vê pela divisão uma realidade variada de muitos tipos em todos os seres. [22] Conhecimento que ata o indivíduo a um tipo de atividade, como se ela fosse tudo, que não é baseado em uma causa razoável, que não visa a verdade, e que é minúsculo e escasso, é dito que é da natureza da escuridão. [23] É dito que uma ação é da natureza da bondade quando realizada de acordo com as injunções do *dharma*, sem apego, desprovida de atração ou repulsa, por alguém que não deseja seus frutos. [24] Mas a ação realizada para satisfazer os próprios desejos, realizada com grande esforço ou acompanhada de uma noção exagerada do ego, é dita como sendo da natureza da paixão. [25] Uma ação realizada sem considerar as consequências futuras, perda ou dano aos outros, desconsiderando a capacidade de realizá-la, e realizada por ilusão, é considerada da natureza da escuridão. [26] Diz-se que um agente é da natureza da bondade quando está livre do apego e do egocentrismo, é determinado, corajoso e entusiástico, e imutável no sucesso ou no fracasso. [27] Um agente é considerado de natureza da paixão quando é passional, cobiça os frutos de suas ações, é ganancioso,

prejudicial, impuro e absorto em alegria e tristeza.
28 Aquele agente que é indisciplinado, vulgar, teimoso, corrupto, vil, indolente, desanimado e procrastinador, é dito ser da natureza da escuridão.

Inteligência, determinação, felicidade e as quatro classes sociais

29 Inteligência e determinação são divididas de acordo com os três *guṇa*; ouve agora uma explicação detalhada completa, ó *Dhanaṁjaya*. 30 A inteligência
que discrimina entre o envolvimento ativo e a inatividade, entre o que é dever e o que não é, entre o que deve ser temido e o que não deve ser temido, entre o que prende e o que liberta, é da natureza da bondade. 31 A inteligência que falha em distinguir
entre *dharma* e *adharma*[27] e entre o que deveria ser feito e o que não deveria ser, é da natureza da paixão.
32 Essa inteligência obscura que aceita *adharma* como o *dharma*, e percebe todas as coisas de uma maneira pervertida, é da natureza da escuridão, ó *Pārtha*.
33 A determinação que sustenta as funções da mente, do ar vital e dos sentidos por meio de uma firme prática de *yoga* é da natureza da bondade, ó *Pārtha*.
34 A determinação que adere ao *dharma*, *kāma* e *artha*[28], ó *Arjuna*, motivada pelo apego e um desejo pelos frutos, é da natureza da paixão, ó *Pārtha*.

27. *Adharma*: aquilo que é contrário ao *dharma*.

28. *Kāma*: satisfação de desejos; *artha*: sucesso mundano.

[35] A determinação com a qual uma pessoa estúpida se recusa a abandonar o sono, o medo, a tristeza, o abatimento e a intoxicação, é da natureza da escuridão, ó *Pārtha*. [36] Ó touro entre os *Bhārata*, ouve de mim agora sobre os três tipos de felicidade; aquilo que, seguindo uma prática constante, produz tanto alegria quanto o fim do sofrimento, [37] o que começa como veneno, mas é gradualmente transformado para se assemelhar ao néctar, que brota da tranquilidade do coração e da alma, é a felicidade que é dita ser da natureza da bondade. [38] A felicidade que emana do contato dos sentidos com seus objetos, que começa exatamente como o néctar, mas é gradualmente transformada para se parecer com veneno, é conhecida por ser da natureza da paixão. [39] A felicidade que ilude o *eu* do começo ao fim, e surge do sono, da indolência e da negligência, é dita como sendo da natureza da escuridão. [40] Não há ser nem na terra, nem entre os deuses celestes, livre destes três *guṇa* nascidos da natureza material. [41] Ó *Paraṁtapa*, as atividades dos *brāhmaṇa*[29], *kṣatriya*, *vaiśya* e *śūdra* são divididas de acordo com os *guṇa* e nascem da própria natureza deles. [42] Tranquilidade, autocontrole, ascese, pureza, tolerância, honestidade, conhecimento, sabedoria e piedade religiosa caracterizam o *brāhmaṇa* porque surgem da própria natureza dele. [43] O heroísmo, o ardor, a determinação, a perícia, o espírito de luta,

29. Sânscrito: *brāhmaṇa*. Português: brâmane.

a generosidade e a liderança caracterizam o *kṣatriya* porque surgem da própria natureza dele. [44] A agricultura, a proteção às vacas e comércio caracterizam o *vaiśya*, pois surgem da própria natureza dele, e os atos de serviço caracterizam a natureza do *śūdra* porque surgem da própria natureza dele.

A escada ética dos valores: um resumo

[45] Sendo inspirado a realizar seu próprio dever segundo o *dharma*, o indivíduo alcança a perfeição; ouve agora como ele se torna bem-sucedido através do contentamento ao seguir seu próprio dever. [46] Pela adoração através da adesão ao próprio dever àquele de quem todos os seres se originaram e por quem todo este universo é permeado, atinge-se a perfeição. [47] Melhor cumprir o próprio dever de forma imperfeita a cumprir o dever alheio perfeitamente, pois quando alguém executa os deveres prescritos por sua própria natureza, ele não incorre em mal algum. [48] Embora a ação seja por natureza deficiente, ela não deve ser abandonada, pois o defeito acompanha todo empreendimento, pois até mesmo a fumaça cobre o fogo. [49] Aquele cuja inteligência é desapegada em todos os aspectos, que conquistou a si mesmo e cujos desejos se foram, atinge a mais alta perfeição da ausência de ação através da renúncia. [50] Ó *Kaunteya*, ao atingir a perfeição, aprende de mim de forma breve como ele também alcança o

Brahman, o estado supremo de conhecimento. [51] Absorto na mais elevada realidade com a ajuda do intelecto purificado, restringindo-se com determinação, abandonando os objetos dos sentidos como o som e os outros, deixando de lado a atração e a repulsão, [52] residindo na solidão, comendo frugalmente, restringindo a fala, o corpo e a mente, constantemente absorto em meditação, refugiando-se no desapego, [53] livre de egoísmo, agressividade, orgulho, luxúria, raiva e ganância, considerando que nada é dele e em paz, ele se torna apto para perceber o *Brahman*. [54] Quando todo o seu ser se torna uno com o *Brahman*, ele é tomado por uma paz profunda, ele não se aflige nem anseia, torna-se imparcial para com todas as criaturas e alcança devoção suprema por mim. [55] Através da devoção, ele vem a me conhecer como eu verdadeiramente sou; ao realmente se tornar consciente de mim, ele imediatamente me alcança. [56] Embora sempre envolvido em várias atividades, refugiando-se em mim ele alcança, por minha graça, a morada eterna e indestrutível.

Você lutará de qualquer maneira

[57] Apenas confia em mim em todas as atividades[30], mantendo-me como o Supremo; refugiando-te no *yoga* da iluminação, sê constantemente absorto em

30. Literalmente, "abandone mentalmente todas as atividades para mim".

mim. [58] Absorto em mim, tu vencerás todas as dificuldades por minha graça. Se, no entanto, estiveres sob a influência do ego, não escutares, estarás perdido. [59] Se, superado pelo ego, tu pensares "eu não lutarei", esta decisão seria em vão, já que tua própria natureza obrigar-te-ia a fazê-lo. [60] Ó *Kaunteya*, uma vez limitado pelas características do trabalho que emanam de tua própria natureza, tu farás mesmo contra a própria vontade aquilo que tu tentas evitar por ilusão.

Renuncia a tudo e refugia-te apenas em mim

[61] O Senhor habita no coração de todos os seres vivos, ó *Arjuna*, que estão instalados em aparatos como máquinas, e faz com que eles vagueiem através do poder mágico dele. [62] Ó *Bhārata*, refugia-te nele de corpo e alma! Pela graça dele tu alcançarás a paz suprema e a morada eterna. [63] Assim, apresentei a ti o conhecimento, o mistério dos mistérios; reflete profundamente e faze o que desejares fazer. [64] Ouve novamente minha mensagem suprema, o maior segredo de todos; é o teu bem-estar que tenho em mente, pois tu és realmente querido por mim. [65] Sempre pensa em mim, torna-te meu devoto, adora-me e apresenta tua homenagem a mim e assim, sem dúvida, tu virás a mim; eu te prometo isso, pois tu és querido por mim. [66] Abandona todos os *dharma* e refugia-te apenas em mim, e eu libertar-te-ei de todos os males; não temas.

Propagação dos ensinamentos e o resumo de *Arjuna*

[67] Nunca se dirá isto a quem não é austero e dedicado a mim, a quem não quer ouvir isto, ou a quem fala mal de mim. [68] Aquele que explica este segredo supremo aos meus devotos, realizando assim o mais elevado serviço devocional a mim, sem dúvida, virá a mim. [69] Não há entre os humanos alguém que desempenhe uma tarefa mais preciosa para mim do que esta, e nunca haverá na terra alguém mais querido do que ele para mim. [70] E eu considero que aquele que estuda e recita isto, nosso diálogo sagrado, adorar-me-á através do sacrifício do conhecimento. [71] E quem ouve isto fielmente e sem inveja também alcançará a libertação e alcançará os mundos auspiciosos daqueles cujos atos são piedosos. [72] Ó *Pārtha*, ouviste isso com concentração total? Tua ignorância desapareceu e tua ilusão foi dissipada, ó *Dhanaṁjaya*? [73] *Arjuna* disse: Por tua graça, ó *Acyuta*, minha ilusão se foi e eu recuperei minha razão; eu estou firme e livre de dúvidas, e agirei conforme tu disseres.

Conclusão de *Saṁjaya* – Os Filhos de *Pāṇḍu* serão vitoriosos

[74] *Saṁjaya* disse: "Assim ouvi a conversa de *Vāsudeva* e do magnânimo *Pārtha*, que é tão surpreendente que meu cabelo está arrepiado". [75] Pela graça de *Vyāsa*

ouvi esse supremo segredo do *yoga* diretamente de *Kṛṣṇa*, o mestre do *yoga*, que o falou pessoalmente.
76 Ó rei, ao refletir continuamente sobre este colóquio maravilhoso e virtuoso de *Keśava* e *Arjuna*, eu estou emocionado e me regozijo sem parar. 77 Ó rei,
ao recordar repetidamente a forma surpreendente de *Hari*, meu encantamento é imenso, e uma alegria me emociona novamente e, então, mais uma vez.
78 Onde quer que esteja *Kṛṣṇa*, o mestre do *yoga*, e onde quer que esteja *Pārtha*, o portador do arco, certamente haverá fortuna, vitória, prosperidade e justiça. Nisto eu realmente acredito.

GLOSSÁRIO

ācārya	Professor, preceptor.
Acyuta	Um nome de *Kṛṣṇa* que significa infalível.
adharma	Aquilo que é contrário ao *dharma*, impróprio, imoral, ilegal.
adhikāra	Elegibilidade, qualificação.
Adhokṣaja	Nome de *Viṣṇu* e *Kṛṣṇa*, significa "além da percepção dos sentidos".
āditya	Os doze deuses que são filhos de *Aditi* e seus descendentes.
advaita	Não dual.
Advaita Vedānta	Uma escola de *Vedānta* não dual cujo expoente mais famoso é *Śaṅkara*.
ahaṁkāra	Lit.: "eu sou o fazedor". Ego, autoconsciência, o oitavo elemento.
Airāvata	Um elefante branco com quatro presas que transporta *Indra*, rei do paraíso.
ajñāna	Ignorância, ausência de conhecimento.
ākāśa	Éter, o quinto grande elemento.
ānanda	Bem-aventurança, uma das três características do *Brahman*.
anitya	Finito, temporário, não eterno.
apauruṣeya	Conhecimento recebido de fontes não humanas; *śruti* ou o *Veda*.

Arjuna Filho de *Paṇḍu* e *Kuntī*, filho biológico do deus *Indra*, o terceiro dos cinco irmãos *Pāṇḍava* e comandante do exército *Pāṇḍava*, que ouviu a *Bhagavad-gītā* diretamente de *Kṛṣṇa*.

ārya Um nobre civilizado, refinado e seguidor da cultura védica.

Asita Provavelmente, um *yogācārya* e pai do sábio *Devala*.

āśrama Uma das duas categorias do *dharma*, que define a fase pessoal da vida em termos de *brahmacarya*, *gṛhastha*, *vānaprastha* e *saṁnyāsa*.

aṣṭāṅga-yoga Um sistema de *yoga* como uma escada de oito partes ou fases.

āstika Tradições baseadas na *śruti* ou o *Veda* como os seis *darśana* ortodoxos.

asura Classe de demônios, adversários dos *deva* e inimigos dos deuses. Eles residem mais abaixo da terra, constantemente aspiram a dominar o universo e são influenciados por *tamas*, o *guṇa* da escuridão.

aśvattha Uma árvore sagrada, provavelmente a sagrada *ficus religiosa*.

Aśvatthāman Filho de *Droṇa*.

Aśvin (*Aśvinau*) Médicos celestes que fizeram o velho sábio *Cyavana* recuperar a juventude; pais biológicos dos *Pāṇḍava* mais jovens, *Nakula* e *Sahadeva*.

ātman O eu consciente e eterno; a alma eterna.

avatāra Encarnação divina, a Pessoa Suprema que aparece neste mundo em uma forma humana ou não humana.

avidyā Ausência de conhecimento, ignorância.

avyakta A *prakṛti* não diferenciada em um estado primordial antes da criação.

bandha Aprisionamento através de nascimentos e mortes repetidos.

Bhagavad-gītā Lit.: "tratado poético sagrado da Pessoa Suprema".

bhagavān A Pessoa Suprema

bhakta devoto.

bhakti devoção.

bhakti-yoga Um caminho que leva ao *mokṣa* em que as práticas devocionais se tornam práticas de *yoga.*

Bhīma Também *Bhīmasena.* Filho de *Paṇḍu* e *Kuntī*, filho biológico do deus do vento.

Bhīṣma Filho de *Śantanu* e *Gaṅgā* (o Rio Ganges), um grande guerreiro e o avô da casa dos *Kuru.*

Bhṛgu Um filho de *Brahmā* e um grande sábio. Ele foi enviado pelos sábios para descobrir quem é o maior dos três principais deuses.

Bhūriśravas Filho de *Somadatta.*

Brahmā Um deus védico, o criador do universo cujo planeta é o mais elevado do universo.

Brahmacārin Um estudante celibatário que estuda com o guru e pratica asceses variadas.

brahmacarya A primeira fase no sistema de *āśrama*, em que o estudante celibatário estuda sob a orientação de um *guru.*

Brahma-jñāna Conhecimento do *Brahman.*

Brahman O Supremo Absoluto, caracterizado pela eternidade, consciência e bem-aventurança.

Brahmasūtra — Também chamado de *Vedānta-sūtra*; um dos três textos fundamentais da tradição *Vedānta*, juntamente com as *upaniṣad* e a *Bhagavad-gītā*, que é composto por 550 aforismos que resumem o conteúdo das *upaniṣad*.

brâmane (do sânscrito, *brāhmaṇa*) — A classe sacerdotal e intelectual, a mais elevada dos quatro *varṇa*.

Cekitāna — Um guerreiro *Vṛṣni*.

cit — Conhecimento, consciência; uma das três características do *Brahman*.

Citraratha — Senhor dos *gandharva*, serviu como um bezerro quando os *gandharva* ordenharam a terra.

daityas — Os demônios, filhos de Diti.

darśana — Um ponto de vista da verdade; uma das seis escolas filosóficas ortodoxas.

deha — O corpo físico.

Devala — Um vidente e conhecedor do *Brahman* que amaldiçoou *Hūhū* a se tornar um crocodilo. Também pode ser um vidente diferente com esse mesmo nome, que é o melhor dos *Śāṇḍiliya* ou o filho do *Śvetāvatāra* de Viṣṇu.

Dharma — O deus da justiça; pai de *Yudhiṣṭhira*.

dharma — Um princípio universal que representa religião, lei, ordem, dever, justiça e moralidade. Ele mantém o mundo categorizando a sociedade humana em *varṇa* e *āśrama*.

Dharmarāja — Um epíteto de *Yudhiṣṭhira*, que significa "rei do *dharma*".

Dhṛṣṭadyumna — Filho de *Drupada*, que nasceu de um sacrifício.

Dhṛṣṭaketu — Rei de *Cedi*.

Dhṛtarāṣṭra	Irmão de *Pāṇḍu*, o rei cego que era fraco demais para conter seu filho ganancioso e desonesto *Duryodhana*.
Draupadī	Filha de *Drupada*, irmã de *Dhadyumna* e esposa dos cinco irmãos *Pāṇḍava*.
Droṇa	O professor de artes marciais real, que treinou tanto os *Pāṇḍava* quanto os *Kaurava* nas artes militares.
Drupada	Pai de *Draupadī* e *Dhṛṣṭadyumna*.
Duryodhana	Filho mais velho de *Dhṛtarāṣṭra*, o líder do grupo *Kaurava*, que sempre teve inveja dos irmãos *Pāṇḍava*.
dvandva	Um composto nominal em que ambos os componentes carregam o mesmo peso sintático.
dvija	Nascido duas vezes; um termo que se refere aos membros dos três *varṇa*, que são considerados nascidos pela segunda vez através do *upanayana* ou rito de iniciação.
escada ética	Ação motivada pelo utilitarismo até o caminho para uma ação espiritualmente motivada; essa escada está no âmago da estrutura da *Bhagavad-gītā*.
filho de Subhadrā	*Abhimanyu*; filho de *Arjuna* e *Subhadrā*.
filhos de Draupadī	Cinco filhos gerados por cada um dos cinco irmãos *Pāṇḍava*.
gandharva	Classe de seres semidivinos dotados de beleza pessoal extraordinária.
Ganges (do sânscrito, *Gaṅgā*)	Rio celestial trazido para o mundo terrestre e que flui, a partir dos *Himalayas*, pelo norte da Índia até desaguar no Golfo da Bengala. Também é conhecido como *Jāhnavī*.
Garuḍa	Transportador em forma de águia de *Viṣṇu*, filho de *Kaśyapa* e *Vinatā*.
gāyatrī	Prosódia; um tipo de métrica.

gṛhastha Segunda fase no sistema de *āśrama*, em que o estudante celibatário se torna um homem casado, um professor ou *ācārya* que transmite sabedoria espiritual.

guṇa As três qualidades sutis de *prakṛti* ou natureza material; elas são *sattva* ou bondade, *rajas* ou paixão e *tamas* ou ignorância.

guru Professor ou *ācārya* que transmite a sabedoria espiritual.

Hanumat O deus macaco, servo de *Rāma*, representado na bandeira de *Arjuna*.

Indra O rei dos céus e o deus da chuva; tem mil olhos.

itihāsa "Assim aconteceu", um termo tradicional para a história que denota os dois grandes épicos: o *Mahābhārata* e o *Rāmāyaṇa*.

japa O sacrifício da reza murmurada; uma meditação pessoal que é realizada pela repetição de um mantra dirigido a uma divindade favorecida.

Jayadratha Rei de *Sindhu*, genro de *Dhṛtarāṣṭra*.

jīva A alma individual, o *ātman*.

jñāna Conhecimento e, especificamente, conhecimento espiritual.

jñāna-yoga Um caminho que leva ao *mokṣa*, em que o envolvimento filosófico e intelectual com as escrituras se tornam práticas *yogin*.

Kali-yuga De acordo com relatos purânicos, é a era atual de desavenças em que o *dharma* entra em decadência juntamente com as virtudes humanas.

kalpa Um dia de *Brahmā*.

kāma — Prazeres dos sentidos, um dos quatro objetivos da vida humana conhecidos como *puruṣārtha*.

Kāmadhenu — Uma vaca que satisfaz desejos; a vaca do sábio *Jamadagni* que fornece leite ilimitado.

Kandarpa — Deus do amor.

Kapila — Um avatar de *Viṣṇu*, filho de *Kardama* e *Devahūti*, que propôs a doutrina do *Sāṅkhya*.

Karman — Ação e suas várias implicações nas vidas futuras.

Karma-yoga — Um caminho que conduz ao *mokṣa*, em que a ação de acordo com o *dharma* se torna uma prática *yogin*.

Karmendriya (*karma-indriya*) — Os cinco órgãos de ação; voz, mãos, pernas e órgãos de excreção e procriação.

Karṇa — Filho da princesa *Kuntī* com o deus do sol, antes de se casar com *Pāṇḍu*. Ele foi abandonado e adotado por um casal de classe social inferior e, portanto, privado de seus direitos reais. Foi o principal rival de *Arjuna*, embora *Arjuna* nunca soubesse que eles eram irmãos. Prometeu à sua mãe, *Kuntī*, que ela ficaria com cinco filhos depois da batalha, o que significa que ele ou *Arjuna* seria morto.

Kṛpa — Mestre dos *Kaurava*.

Kṛṣṇa — O orador da *Bhagavad-gītā*, a Pessoa Suprema que veio a este mundo para proteger o *dharma*. Era amigo e primo de *Arjuna*, que se ofereceu a Arjuna para servir como seu auriga durante a grande guerra.

kṣatriya — Guerreiro e classe dominante composta de nobres e membros da realeza.

Kuntī	Esposa de *Pāṇḍu* e a mãe dos três *Pāṇḍava* mais velhos: *Yuddhiṣṭhira*, *Bhīma* e *Arjuna*.
Kuntibhoja	Pai adotivo de *Kuntī*.
Kuvera	O senhor da riqueza e rei do submundo, análogo ao grego Plutão. Senhor dos *yakṣa* e irmão de *Śiva*.
līlā	Divertimento divino, um modo espiritual de ação livre de qualquer finalidade utilitária.
Mahābhārata	O grande épico sânscrito que representa a história da casa *Kuru*, que inclui a *Bhagavad-gītā*.
makara	Um monstro marinho; o termo tem sido traduzido como crocodilo, tubarão ou leviatã.
manas	Mente.
Manu	Filho de *Brahmā* e pai da raça humana; uma das autoridades no *dharma* e compilador de um *dharma-śāstra* chamado *Manu-smṛti*.
mārgaśīrṣa	O primeiro mês de acordo com o calendário védico (compreende uma parte de fevereiro e outra de março).
Marīci	Um filho de *Brahmā*, nasceu junto com *Nārada* no começo da criação, e pai de *Kaśyapa*. Coordenou o sacrifício de cavalo para o deus Indra e puniu o rei demoníaco *Vena* com uma maldição.
marut	49 deuses que são filhos de *Kaśyapa* e *Diti*; irmãos de *Indra*.
māyā	Ilusão.
Meru	Uma montanha celestial enorme situada no meio do mundo, em algum lugar entre o sol e a terra.
mokṣa	Libertação do ciclo de reencarnações.

Nakula e Sahadeva	Filhos adotivos de *Paṇḍu* por sua esposa *Madrī*; filhos biológicos dos *Aśvin*, médicos celestiais.
Nārada	Filho de *Brahmā* que aprendeu de seu pai a sabedoria divina conhecida como *Bhāgavata*, e que passou para seu grande discípulo *Vyāsa*. Ele viaja através do universo louvando a Pessoa Suprema com sua *vīṇā* (um instrumento musical). É uma das doze autoridades do *dharma* e compilador do *Nārada-bhakti-sūtra*, que é um tratado sobre devoção.
Nāstika	Tradições não atreladas à *śruti* ou ao *Veda*, como o budismo e o jainismo.
nirguṇa	Desprovido de atributos.
nirvāṇa	Extinção da existência material.
niṣkāma-karman	Agir, mesmo sem interesse nos frutos da ação; um ensinamento central da *Bhagavad-gītā*.
pañca-bhūta	Os cinco grandes elementos: terra, água, fogo, ar e éter.
pañca-tanmatra	Cinco objetos dos sentidos: som, toque, forma, gosto e olfato.
Pāṇḍava	Os cinco irmãos, filhos de *Paṇḍu* e heróis do *Mahābhārata*: *Yudhiṣṭhira*, *Bhīma*, *Arjuna*, *Nakula* e *Sahadeva*.
Pāṇḍu	Filho do sábio divino *Vyāsa*, irmão mais novo de *Dhṛtarāṣṭra*, pai dos cinco irmãos *Pāṇḍava* e rei legítimo do império. Como resultado de uma maldição, ele não foi capaz de conceber filhos e, portanto, suas esposas, *Kuntī* e *Madrī*, invocaram cinco deuses para fecundá-las.
pāpa	Mal, *karman* ruim, pecado.
paramārtha	A realidade mais elevada e absoluta.

paramparā Sucessão discipular, uma cadeia contínua de mestres e discípulos.

Prahlāda O filho do rei demoníaco *Hiraṇyakaśipu*. Embora nascido em uma família demoníaca, ele era um dos maiores devotos de *Viṣṇu*, tanto que *Viṣṇu* apareceu como o *avatāra* do Homem-leão para salvá-lo de seu pai demoníaco.

prakṛti Natureza material que consiste dos três *guṇa*.

pralaya Destruição universal.

pramāṇa Meios de conhecimento válido.

prasāda Graça divina.

prasthāna-traya Os três fundamentos da tradição *Vedānta*: a *Bhagavad-gītā*, os *Brahma-sūtra* e as *upaniṣad*.

puṇya *karman* meritório.

Purujit Outro nome para *Kuntibhoja*, o pai adotivo de *Kuntī*.

Puruṣa A Pessoa Suprema. Cf. *BG* 8.8, 8.10, 8.22, 15.4, 15.18

puruṣārtha Os quatro objetivos da vida humana; *dharma*, *artha*, *kāma* e *mokṣa*.

rajas Um dos três *guṇa* que representa paixão, desejo, apego aos frutos da ação e esforços excessivos.

rākṣasa Espíritos malignos que são seres semidivinos.

Rāma Um avatar de *Viṣṇu* e herói do grande épico *Rāmāyaṇa*, que resgatou sua santa esposa *Sītā* do demônio *Rāvaṇa*. Também pode se referir a *Paraśurāma* (o *Rāma* que carrega o machado), um *avatāra* de *Viṣṇu*, e que matou 21 gerações de reis.

Rāmāyaṇa O grande épico sânscrito que representa a história de *Rāma.*

realidade hierárquica Um conceito de acordo com o qual a realidade é dividida em camadas; portanto, não é unificada, e sim dividida.

rudra Um grupo de onze deuses adorados para obtenção de poder.

sādhya Os doze filhos celestes de *Dharma* e *Sādhya.*

saguṇa Com atributos.

samādhi O ponto culminante da prática de *yoga*, um estado introvertido de experiência espiritual.

Sāma-veda O mais musical dos quatro *Veda.*

Saṁjaya O secretário de *Dhṛtarāṣṭra*, que descreveu a batalha para ele.

Sāṁkhya Uma das seis tradições filosóficas ortodoxas que propõem a diferenciação de *prakṛti* do *puruṣa.*

saṁnyāsa A quarta e última fase do sistema de *āśrama*, a fase de renúncia.

saṁnyāsin Uma pessoa na quarta e mais elevada fase do sistema de *āśrama.*

saṁsāra A cadeia de nascimentos e mortes repetidos; o estado de existência mundana.

śāstra Os ensinamentos tradicionais autorizados.

sattva Um dos três *guṇa* que representa pureza, serenidade, bondade e conhecimento.

Satyaki Um famoso guerreiro *yādava* e amigo de *Kṛṣṇa.*

siddha Classe de seres celestes que são dotados de vários poderes místicos.

Śiva — O grande deus, uma das três principais divindades universais juntamente com *Brahmā* e *Viṣṇu*, que é considerado o Supremo, de acordo com o *śaivismo*. Ele é responsável pelo *tamoguṇa* e é, portanto, dotado da tarefa de destruir o universo quando chega a hora da aniquilação. Ele é um asceta e vive no Monte *Kailāsa.*

Skanda — Filho de *Śiva* e deus da guerra.

smṛti — Uma categoria de textos canônicos de autoria humana, como os épicos e os *purāṇa.*

soteriologia — Doutrinas da salvação.

śruti — Uma categoria de texto canônico não humanamente revelado, como os *Veda* e as *upaniṣad.*

Subhadrā — Irmã de *Kṛṣṇa*, esposa de *Arjuna*, mãe de *Abhimanyu.*

Śūdra — A classe servil que consiste de servos, trabalhadores braçais e artesãos.

sutra — Um aforismo curto e condensado que transmite conhecimento.

svarga — Paraíso, éden.

tamas — Um dos três *guṇa* que representa escuridão, ignorância, ilusão e indolência.

Uccaiśravas — Um cavalo que nasceu da batedura do oceano de leite através do esforço concentrado de deuses e demônios.

upanayana — Rito de iniciação.

upaniṣad — Textos filosóficos védicos posteriores que propõem a unidade de *Brahman.*

Uttamaujas — Um príncipe *pañcala* que era um guerreiro extraordinário.

Vaikuṇṭha A morada de *Viṣṇu* que é eterna, espiritual, pura e além da influência dos três *guṇa.*

vaiṣṇava Um devoto de *Viṣṇu.*

vaiśya A classe comerciante e agricultora.

vānaprastha A terceira fase do sistema de *āśrama*, um habitante da floresta.

varṇa Sistema de classes, categoria; refere-se às quatro classes sociais de *brāhmaṇa, kṣatriya, vaiśya* e *śūdra.*

varṇāśrama-dharma Dever, de acordo com o *varṇa* e *āśrama*, a estrutura social védica básica.

Varuṇa Senhor dos oceanos e que nele reside; rei dos *asura.*

Vasu Um grupo de oito deuses que são filhos de *Dharma* e Vasu. Eles foram amaldiçoados a nascer na terra, mas depois retornaram ao céu. Sete deles retornaram imediatamente; porém, o oitavo viveu na terra por uma vida inteira. Esse foi *Bhīṣma*, o avô da dinastia Kuru, que participou da batalha de *Kurukṣetra* como comandante-em-chefe dos *Kaurava.*

Vedānta "O final do conhecimento", a escola ortodoxa da filosofia derivada da *Bhagavad-gītā*, dos *Brahma-sūtra* e das *upaniṣad.*

Vikarṇa Um filho de *Dhṛtarāṣṭra.*

Virāṭa Rei que abrigou os irmãos *Pāṇḍava* enquanto eles estavam no exílio.

Viṣṇu	O grande deus cuja morada chamada *Vaikuṇṭha* está muito além deste universo, e quem é identificado na *Bhagavad-gītā* com *Kṛṣṇa*; aparece em sua forma de *avatāra* sempre e onde quer que haja um declínio do *dharma* e um aumento de *adharma*; é considerado a Pessoa Suprema de acordo com o *vaiṣṇavismo.*
Vṛṣṇi	A dinastia em que *Kṛṣṇa* nasceu.
Vyāsa	O autor do *Mahābhārata*, que dividiu o *Veda* em quatro.
Vyavahāra	Realidade empírica.
Yajña	Sacrifício e, em particular, um sacrifício védico.
yakṣa	Um grupo semicelestial da classe demoníaca, seguidor de *Śiva*; dirigido por *Kuvera.*
Yama	Senhor da morte; reside nas regiões inferiores do universo e pune os humanos após a morte, de acordo com seus atos. É uma autoridade no *dharma.*
Yoga	Um dos seis *darśana* ortodoxos, que oferece um caminho disciplinado que visa ao estado de *samādhi.*
Yoga-sūtra	Um texto clássico tradicionalmente atribuído a *Patañjali*, que propõe o sistema de *Aṣṭāṅga-yoga.*
Yudhamanyu	Um príncipe *pañcāla.*
Yudhiṣṭhira	O irmão mais velho dos *Pāṇḍava* e seu líder.
yuga	Cada uma das eras cósmicas: *Kṛta*, *Tretā*, *Dvāpara* e *Kali.*
Yuyudhana	Outro nome para *Satyaki.*

EDITORA VOZES LTDA.
Rua Frei Luís, 100 – Centro – Cep 25689-900 – Petrópolis, RJ
Tel.: (24) 2233-9000 – E-mail: vendas@vozes.com.br